holger stromberg*

Collection Rolf Heyne

holger stromberg*

KOCHEN.
LEIDENSCHAFT.
PERFEKTION.

Collection Rolf Heyne

INHALT

Vom Wahnsinn des Geschmacks

Kaum jemand muss sich mit dem Geschmack so intensiv auseinander setzen wie ein Koch, der dabei natürlich hauptsächlich ans Schmecken denkt. Nicht alle Köche zerbrechen sich darüber den Kopf, denn die Grundregeln des Schmeckens lassen sich durchaus lernen, sodass eigentlich jeder Koch mit dem Wissen, „was allen schmeckt", auf einem soliden Fundament agiert. Aufs Glatteis begibt man sich aber in dem Moment, in dem für mich ganz persönlich der Geschmack im kulinarischen Bereich überhaupt erst anfängt. Dazu gehört für mich die Fähigkeit, zarte Zwischentöne zu kreieren, aber auch, feine Misstöne zu schmecken. Und über all dem steht das Wissen, wie Geschmack entsteht und wie man ihn verändern, verstärken oder herausziehen kann. Die Raffinesse, die man beim Essen am Gaumen und auf der Zunge spürt, dieser letzte Kick entscheidet am Ende, ob ein Essen himmlisch oder einfach nur ganz gut schmeckt.

Natürlich ist Geschmack etwas sehr Subjektives. Während ein Gast von einer Kreation hellauf begeistert sein kann, mag sich der nächste darüber empören. Nicht umsonst gibt es ja den Ausspruch: „Alles Geschmackssache!" Für mich ist bei einem perfekten Gericht deshalb die Harmonie der Ganzen Komposition entscheidend. Die Zutaten und das Wissen um den Geschmack, den sie hervorrufen, sind die Grundvoraussetzung für ein gelungenes Gericht, denn guter Geschmack entsteht immer am Anfang. Nachträglich ein Gericht zu „reparieren", ist zwar grundsätzlich möglich, aber das Ergebnis wird nicht perfekt sein. Man kann ausbessern und aufbessern, aber das, was man am Anfang versäumt hat, kann man nicht mehr nachholen. Als Koch muss ich den Geschmack des Endprodukts im Grunde schon im Kopf haben, wenn ich die Produkte einkaufe. In der Küche bereite ich dann alles so vor, dass ich die Zutaten auf einen Blick sehen kann. Sonst laufe ich Gefahr, dass ich im entscheidenden Moment wegen einer fehlenden Sache die Sauce im Stich lassen muss oder den Ansatz verpasse. Ist dagegen alles gründlich vorbereitet, kann man sich mit Ruhe und Konzentration ans Kochen machen.

An manche Geschmackskombinationen, die mir durch den Kopf gehen, muss ich mich langsam herantasten, andere gelingen auf Anhieb. Natürlich erstürme ich nicht jeden Tag neue kulinarische Welten, sondern respektiere und liebe die Ankerplätze eines jeden Kochs, wo bewährte Zubereitungstechniken und all die gut trainierten Handgriffe für Sicherheit und Zuverlässigkeit sorgen. Das ist sozusagen die Pflicht, die Kür ist die beständige Weiterentwicklung, die Wandlungsfähigkeit und die Suche nach Neuland. Wenn dabei Tradition und Moderne eine neue Verbindung eingehen – perfekt. Denken Sie an alte Klassiker aus Kindertagen wie etwa Kroketten oder Kartoffelpüree, oder all die vergessenen Gerichte aus Omas Zeiten. Ich liebe es, einfache Gerichte wie Rouladen oder Kalbsbacke auch in der gehobenen Gastronomie salonfähig zu machen. Beim Duchblättern dieses Kochbuchs werden Sie manches Gericht entdecken, das Ihnen in anderer Form ein alter Bekannter ist. In Kombination mit neuen Zutaten oder Beilagen werden Sie aber ein völlig neues Geschmackserlebnis haben! Sie werden es nicht bereuen.

Pfifferlinge
100gr 1,50

LAMMCONSOMMÉ „EASY WAY“ MIT TATAR UND TRÜFFELRÜHREI

LAMMCONSOMMÉ „EASY WAY“ MIT TATAR UND TRÜFFELRÜHREI*

Zubereitung

Lammconsommé

Die Knochen unter fließend kaltem Wasser waschen und abtropfen lassen. Möhre, Lauch und Staudensellerie putzen und waschen; beiseite legen. Den Backofen auf 240 °C vorheizen.

Die Knochen gut abtrocknen und nebeneinander auf die Fettpfanne des Backofens legen. In den Ofen schieben und etwa 20 Minuten bei Umlufthitze bräunen. Die Knochen abkühlen lassen.

Etwa 5 Liter kaltes Wasser in einen großen, breiten Suppentopf geben. Die Knochen, das Gemüse, die Gewürze und Kräuter sowie den Knoblauch, die Tomaten und das Tomatenmark hinzufügen. Das Ganze langsam aufkochen lassen. Etwas Salz zugeben und regelmäßig mit einem Schaumlöffel die Oberfläche der köchelnden Brühe abschäumen, damit sie klar bleibt.

Die Brühe 6 bis 8 Stunden köcheln lassen. Anschließend durch ein feuchtes Tuch abgießen und abkühlen lassen.

Die erkaltete Brühe vorsichtig entfetten. Das Fett hat sich an der Oberfläche abgesetzt und lässt sich im kalten Zustand leicht und effizient entfernen. Den Fond nun auf die Hälfte reduzieren und mit Salz abschmecken.

Zum Servieren die Einlagen in vorgewärmte Teller geben und mit der kochenden Consommé übergießen.

„Fonds sind wie kleine Kinder: Schenkt man ihnen nicht von der ersten Minute an genügend Hingabe, taugen sie meist nichts, wenn sie groß sind."

Zutaten

Lammconsommé

Ergibt etwa 2 Liter

2 kg Lammknochen und -rippchen

1 Karotte

½ Stange Lauch

1 Zweig Staudensellerie

1 Nelke

2 Lorbeerblätter

10 Pfefferkörner

1 Sträußchen Thymian

1 Stängel frischer Estragon

4 Zehen Knoblauch, zerstoßen

2 vollreife Tomaten

1 TL Tomatenmark

Salz

Als Einlage

Einige rohe Trüffelstreifen, Pfifferlingscheibchen, etwas roher, fein geschnittener Lauch und ein paar kleine Spargelspitzen

(Rezept für Tatar und Trüffelrührei siehe folgende Seite)

016 FIRST LOVE

LAMMCONSOMMÉ „EASY WAY“ MIT TATAR UND TRÜFFELRÜHREI*

Tatar

Den Lammrücken mit einem großen Messer zunächst in feine Würfel schneiden, dann noch etwas kleiner hacken. Die restlichen Zutaten für das Tartar untermengen. Mit Fleur de Sel und Pfeffer abschmecken. Das Tatar in vier kleine Ringe (zum Beispiel in Dessertringe aus Edelstahl) verteilen.

Trüffelrührei

Eier, Sahne, Trüffelöl und -stückchen mischen. Etwas Butter in einer beschichteten Pfanne zerlassen und das Rührei darin zubereiten.

Zum Servieren die Ringe vorsichtig vom Tatar ziehen und das Trüffelrührei gleichmäßig auf der Tataroberfläche verteilen. Nach Belieben mit Schnittlauchblüten garnieren.

TIPP: Normalerweise klärt man eine Consommé mit Eiweiß, Klärfleisch und Gemüse. Aus meiner Erfahrung entsteht dabei aber immer ein Beigeschmack von Eiweiß und Klärfleisch. Mir schmeckt das nicht, deshalb widme ich dem Fond gleich von Anfang an meine ganze Aufmerksamkeit, die er braucht, um klar zu bleiben: Ich schöpfe geduldig jeden Hauch von Schaum und jedes Fettauge ab. Und den Geschmack verstärke ich nur durch das Reduzieren. So bekommt der Fond eine feine, reine Frische.

„Damit der Trüffel, dieser exquisite, unterirdisch wachsende Pilz sein einzigartiges Aroma voll entfaltet, schneide ich ihn in hauchdünne Scheiben. Als Einlage für die Lammconsommé zerteile ich die Scheiben noch in feine Streifen."

Tatar

100 g Lammrücken, sauber pariert
1 EL Ketchup
½ EL Cornichons, in feine Würfel geschnitten
1 TL Kapern, gehackt
1 TL Worchestershire-Sauce
Einige Tropfen Tabasco
2 EL kräftiges Olivenöl
1 EL Schnittlauch, fein geschnitten
Fleur de Sel (Meersalz-Sorte)
Pfeffer aus der Mühle

Trüffelrührei

2 Eier
3 EL Sahne
2 Tropfen Trüffelöl
Etwas Trüffel, gehackt
Etwas Butter

Zum Garnieren

Schnittlauchblüten

SCHAUMSUPPE VON ROTEM CURRY, ZITRONENGRAS UND KORIANDER MIT KRUSTENTIER-CANNELONI

Zubereitung

Schaumsuppe

Das Erdnussöl in einem Topf erhitzen. Zitronengras, Schalotten, Knoblauch, Lauch, Limettenblätter, Fenchel, Korianderkörner, und Ingwer beziehungsweise Galgant farblos anschwitzen.

Das Tandooripulver zugeben und kurz anschwitzen. Mit Weißwein und Martini ablöschen und auf ein Drittel einkochen. Den Fisch- oder Gemüsefond und die Kokosmilch zugeben und mit Salz würzen. Die Suppe etwa 20 Minuten köcheln lassen, dann durch ein feines Sieb passieren. Zwei Drittel der Sahne zugießen und die Suppe aufkochen lassen. Mit Salz, Pfeffer und Zitronensaft abschmecken.

Zum Servieren die restliche Sahne steif schlagen und mit den Frühlingszwiebeln und dem Koriandergrün unter die Suppe rühren. Die Suppe nochmals kurz aufkochen lassen und heiß mit den Krustentier-Canneloni servieren.

TIPP: Als Alternative kann man in feine Würfel geschnittene Hühnerbrust als Einlage in die Suppe geben. In diesem Falle aber die Suppe unbedingt mit Geflügelfond kochen!

Zutaten

Schaumsuppe

2–3 EL Erdnussöl
1 Stange Zitronengras
3–4 Schalotten, in feine Streifen geschnitten
1 Zehe Knoblauch, zerdrückt
100 g Lauch, nur das Weiße
3 Limettenblätter, etwas zerdrückt
60–80 g Fenchel
10 g Korianderkörner, zerdrückt
25 g Ingwer oder Galgant, in feine Scheiben geschnitten
½ EL Tandooripulver
150 ml Weißwein
50 ml Martini Extra Dry
700 ml kräftiger Fisch- oder Gemüsefond
300 ml ungesüßte Kokosmilch
Meersalz
150 ml Sahne
Pfeffer aus der Mühle
Etwas Zitronensaft
3 Frühlingszwiebeln, geputzt und fein geschnitten
1 kleine Handvoll Koriandergrün,
frisch geschnitten und zerkleinert
(Rezept für Krustentier-Canneloni
siehe folgende Seite)

SCHAUMSUPPE VON ROTEM CURRY, ZITRONENGRAS UND KORIANDER*

020 FIRST LOVE

SCHAUMSUPPE VON ROTEM CURRY, ZITRONENGRAS UND KORIANDER*

Krustentier-Canneloni

Das Lachsfilet in kleine Stücke schneiden, mit Salz und Pfeffer marinieren und im Eisfach durchkühlen lassen. Den Fisch mit Sahne und Martini in der Küchenmaschine zu einer homogenen Masse (Farce) pürieren und eine halbe Stunde kalt stellen.

Die Garnelen von Schale, Kopf und Darm befreien und mit einem großen Messer zu Tatar hacken.

In einer kleinen Schüssel Ingwer, Blattpetersilie und Knoblauch mit dem Garnelentatar sowie der Lachsfarce vermengen. Mit Salz und Pfeffer abschmecken.

Die Wan-Tan-Blätter auf einem Küchenbrett ausbreiten und gleichmäßig mit der Garnelen-Lachs-Mischung bestreichen. Die Wan-Tan-Blätter straff zusammenrollen und in gerade ausreichendem, kochendem Salzwasser 2 bis 3 Minuten garen oder in einem Asia-Dampfkorb aus Bambus dämpfen. Dafür in eine Pfanne 1 cm hoch Wasser geben, Kräuter, Garnelen und Gewürze zugeben und das Wasser zum Kochen bringen. Bevor der Dampfkorb darüber gesetzt wird, die Bambusauflage etwas einfetten, die Canneloni hineinsetzen und bei geschlossenem Deckel 3 bis 4 Minuten dämpfen. Sofort zusammmen mit der heißen Schaumsuppe servieren.

TIPP: Die Canneloni können auch schon einige Stunden vor dem Essen zubereitet werden, müssen dann aber abgedeckt im Kühlschrank aufbewahrt werden und dürfen erst unmittelbar vor dem Servieren gegart werden.

„Die hauchdünnen, aus Mehl, Salz, Eiern und Wasser bestehenden Wan-Tan-Blätter bekommt man küchenfertig in Asialäden: frisch oder tiefgekühlt."

Krustentier-Canneloni

100 g Lachsfilet
Salz und Pfeffer
75 ml Sahne, eiskalt gekühlt
1 EL Martini Extra Dry
10 Riesengarnelen
1 TL Ingwer, gehackt
Etwas Blattpetersilie, frisch geschnitten
½ Zehe Knoblauch, gehackt
8 Wan-Tan-Blätter

„ZUM KOCHEN BRAUCHT MAN INNERE RUHE, VÖLLIGE KONZENTRATION, DENN KOCHEN IST EIN WENIG WIE MEDITATION. UND WENN SICH DIE RUHE MIT GUTER KOORDINATION UND ORGANISATION PAART, DANN SCHMECKT'S AUCH SUPERGUT."

VARIATIONEN VON CROSTINI

VARIATIONEN VON CROSTINI*

Zubereitung

Für die Crostini den Backofen auf Oberhitze/Grill (höchste Stufe) einstellen und vorheizen.

Grundrezept

Das Baguette in 5 mm dünne Scheiben schneiden und auf einem Backblech verteilen. Die Rosmarinblättchen vom Stängel zupfen, grob hacken und mit dem Olivenöl verrühren.

Mit einem Pinsel das Rosmarinöl gleichmäßig und dünn auf die Baguettescheiben streichen. Zum Gratinieren das Backblech auf die oberste Schiene des Ofens schieben.

Das Gratinieren dauert nur 2 bis 4 Minuten. Daher empfehle ich, am Ofen stehen zu bleiben, weil das Brot sehr schnell verbrennt. Sobald die erste Seite der Brotscheiben goldbraun ist, die Scheiben wenden und die zweite Seite ebenfalls goldbraun backen. Aus dem Ofen nehmen und auskühlen lassen.

Variation 1
Mit Frischkäse, getrockneten Aprikosen, Rosmarin und altem Aceto balsamico

Alle Zutaten gut miteinander verrühren. Mit Salz und Pfeffer abschmecken. Die Mischung in einen Spritzsack füllen und auf die Crostini dressieren (dekorativ aufspritzen). Mit einzelnen Rosmarinblättchen garnieren.

Variation 2
Mit Erdnuss-Feigencreme und Coppaschinken

Alle Zutaten gut miteinander verrühren. Mit Salz und Pfeffer abschmecken. Die Mischung in einen Spritzsack füllen und auf die Crostini dressieren. Mit einer zur Blüte gedrehten Scheibe Coppaschinken belegen.

Zutaten

Grundrezept

1 Baguette
1 Zweig Rosmarin
150 ml Olivenöl

Variation 1

150 g Frischkäse
60 g getrocknete Aprikosen, fein gewürfelt
½ EL Rosmarin, fein gehackt
1 TL 13 Jahre alter Aceto balsamico
50 ml Sahne oder Crème fraîche
3 Tropfen Trüffelöl
Fleur de Sel (Meersalz-Sorte)
Pfeffer aus der Mühle

Zum Garnieren

Lange Rosmarinblättchen

Variation 2

150 g Frischkäse
50 ml Sahne oder Crème fraîche
60 g getrocknete Feigen, fein gewürfelt
1 EL Erdnussbutter
½ TL 13 Jahre alter Aceto balsamico
Fleur de Sel
Pfeffer aus der Mühle
12 Scheiben Coppaschinken, hauchdünn geschnitten

Variation 3
Mit Avocado-Macédoine und in Tandoori geröstetem Thunfisch

Für die Macédoine die Avocado der Länge nach halbieren, den Kern entfernen und die Fruchthälften schälen. Eine der Hälften in feine, etwa 5 mm kleine Würfel schneiden. Die andere Hälfte durch ein Sieb drücken. Avocadowürfel und -brei mit den Schalotten, dem Limonensaft und Olivenöl sofort vermengen, da der Schwefelgehalt der Schalotte und die Limonensäure das Braunwerden der Avocado verzögert. Mit Salz und Koriander abschmecken. Die Macédoine bis zur Weiterverarbeitung an einen dunklen und kühlen Platz stellen.

Den Thunfisch mit Küchenpapier gründlich trockentupfen. Das Tandooripulver auf einen flachen Teller geben und den Fisch darin wenden. Anschließend abklopfen, sodass nur eine dünne, aber gleichmäßige Schicht Tandoori auf dem Filet haftet.

Eine beschichtete Pfanne leer erhitzen. Das Thunfischfilet hinzufügen und trocken (das heißt ohne Öl) von allen Seiten etwa 30 Sekunden anrösten. Den Fisch auf ein Schneidebrett legen und in dünne Scheiben schneiden. Der Kern des Filets sollte noch roh sein!

Die Avocado-Macédoine mit einem Teelöffel auf die Crostini verteilen und jeweils mit einer Thunfischscheibe belegen. Mit Koriandergrün garnieren.

Variation 4
Mit geschmorter Paprika, Rukola, Pinienkernen und Parmesan

Die Paprikaschoten halbieren und das Kerngehäuse entfernen. Die Paprikastücke nebeneinander auf ein Backblech legen und bei 160 °C für 15 bis 20 Minuten in den Ofen schieben. He-

Variation 3

1 vollreife Avocado
1 Schalotte, in sehr feine Würfel geschnitten
1 TL Limonensaft
3 EL Olivenöl
Fleur de Sel
1 Prise frisch gemahlene Korianderkörner
150 g Thunfischfilet, Sushiqualität
1 EL Tandooripulver

Zum Garnieren

¼ Bund Koriandergrün

Variation 4

Je 1 rote und gelbe Paprikaschote
50 g Pinienkerne, geröstet und halbiert
4 EL Rukola, fein geschnitten
3 EL Olivenöl
Fleur de Sel (Meersalz-Sorte)
Pfeffer aus der Mühle
100 g Parmesan, frisch vom Stück gehobelt

Variation 5

200 g Frischkäse
50 ml Crème fraîche
1 EL Honig
1 ½ EL violetter Veilchensenf
Fleur de Sel
Pfeffer aus der Mühle

Zum Garnieren

Kerbelblättchen, frisch abgezupft

rausnehmen, mit Klarsichtfolie abdecken und abkühlen lassen. Anschließend die Haut abziehen. Die gehäuteten Paprikaschoten in sehr feine Würfel schneiden.

Die Paprikawürfel mit den Pinienkernen, dem Rukola und Olivenöl vermengen. Mit Salz und Pfeffer abschmecken. Mit Hilfe von zwei Teelöffeln kleine Nocken formen und diese auf die Crostini setzen. Die Nocken vorsichtig mit ein paar frisch gehobelten Parmesanspänen belegen.

Variation 5
Mit Veilchensenf-Honigcreme

Alle Zutaten gut miteinander verrühren. Mit Salz und Pfeffer abschmecken. Die Mischung in einen Spritzsack füllen und auf die Crostini dressieren. Mit Kerbelblättchen garniern.

TIPP: Senf verleiht Frischkäse Pfiff, vor allem wenn man keinen Allerweltssenf nimmt, sondern Sorten mit fruchtigem Aroma wie Limonen-, Feigen-, Johannisbeer- oder Himbeersenf.

„Mit Crostini kann man richtig punkten, weil man damit den Gaumen in jeder Geschmacksrichtung zum Jubeln bringen kann: von extravagant pikant über klassisch delikat bis hin zu schlicht und einfach wie bei Muttern.“

TERRINE VON KARTOFFELN UND WEISSER SCHOKOLADE AN KOPFSALAT-JUS UND MARINIERTEN KRABBEN

TERRINE VON KARTOFFELN UND WEISSER SCHOKOLADE*

Zubereitung

Für die Kopfsalat-Jus den Salat in kochendem, leicht gesalzenem Wasser blanchieren, dann in Eiswasser abschrecken. Die Blätter gut ausdrücken und mit der Hälfte des Geflügelfonds im Mixer sehr fein pürieren. Anschließend durch ein feines Sieb passieren und kalt stellen.

In einem Topf die Kartoffeln mit den Schalotten in etwas Öl anschwitzen. Mit dem restlichen Geflügelfond und der flüssigen Sahne ablöschen. Mit Salz würzen. 15 bis 20 Minuten köcheln lassen und anschließend fein pürieren.

200 g der warmen Kartoffelmasse mit der weißen Schokolade und der ausgedrückten Gelatine verrühren, bis diese aufgelöst sind. Die Mischung auf einem Eiswasserbad nun so lange rühren, bis sie auf Zimmertemperatur abgekühlt ist.

Die geschlagene Sahne vorsichtig unter die Kartoffel-Schokoladen-Mischung heben. Mit Salz und Pfeffer abschmecken. Die Masse in Förmchen füllen und etwa 2 Stunden kalt stellen.

Zum Marinieren der Krabben den Honig, Essig, rosa Pfeffer, das Öl und die Pepperoni verrühren und über die Krabben geben. Vorsichtig mischen, sodass alle Krabben von der Marinade überzogen sind.

Kurz vor dem Anrichten die Kopfsalat-Jus mit etwas Salz abschmecken und auf flache Teller verteilen. Die Terrine aus den Förmchen stürzen und jeweils in die Mitte des Tellers setzen. Die Krabben rundherum arrangieren. Mit Kartoffelstroh und Erbsen garnieren.

Zutaten

1 Kopfsalat, grob zerpflückt und gewaschen
400 ml Geflügelfond (Rezept siehe Seite 262)
150 g Kartoffeln, geschält und in Scheiben geschnitten
30 g Schalotten oder Zwiebeln, in Würfel geschnitten
Etwas Öl
100 ml Sahne, flüssig
Salz
50 g weiße Schokolade
7 Blätter Gelatine, in kaltem Wasser eingeweicht
250 ml Sahne, geschlagen
Pfeffer aus der Mühle
150 g Nordseekrabben
1 EL Honig
2 EL weißer Aceto balsamico
1 TL Rosa Pfeffer, gesiebt
1 TL Rote Peperoni, sehr fein gewürfelt
5 EL Erdnussöl

Zum Garnieren: frittiertes Kartoffelstroh, Kopfsalatherzen und geschälte frische Erbsen

030 **FIRST LOVE**

SCHAUMSUPPE VON GELBEN LINSEN UND BIRNE*

SCHAUMSUPPE VON GELBEN LINSEN UND BIRNE, MIT EINER RAVIOLI VON GERÄUCHERTEN SCHALOTTEN UND LEBERWURST

Zubereitung

Schaumsuppe

Die Birnenwürfel und Thymianblätter in wenig Butter anbräunen. Beiseite stellen. In einem Topf 3 Esslöffel Butter zerlassen und darin Linsen, Schalotten und Knoblauch farblos anschwitzen. Mit Wein und Birnensaft ablöschen und auf ein Drittel reduzieren. Geflügelfond und Birnenwürfel zugeben. Mit Salz würzen und das Ganze auf die Hälfte einkochen. Die Sahne zugeben und die Suppe etwa 5 Minuten köcheln lassen. Danach pürieren und durch ein feines Sieb passieren. Mit Salz und Muskatnuss abschmecken. Kurz vor dem Servieren mit einem Stabmixer aufschäumen.

Zum Vorbereiten der Ravioli den Boden eines Topfes dick mit Räuchermehl bedecken und das Mehl auf einem Campingkocher im Freien zum Qualmen bringen. Ein Gitter in den Topf legen, damit der Rauch gut zirkulieren kann. Die Schalotten in einem feuerfesten Geschirr auf das Gitter setzen. Mit einem Deckel verschließen und die Flamme ausstellen. Die Schalotten nach 15 Minuten herausnehmen und in feine Würfel schneiden.

Für die Raviolifüllung die Schalottenwürfelchen in Butter anschwitzen. Mit Geflügelfond ablöschen. Einige Thymianblätter zugeben und die gesamte Flüssigkeit einkochen. Mit Salz und Pfeffer würzen. Die Füllung auskühlen lassen. Danach die Leberwurst untermengen und die Ravioli mit der Masse füllen und garen (wie bei den Rehagnolini, siehe Seite 88).

Zutaten

Schaumsuppe

1 Birne, geschält, entkernt und fein gewürfelt
Einige frische Thymianblätter
Etwas Butter
100 g Gelbe Linsen
3 Schalotten oder kleine Zwiebeln, klein geschnitten
½ Knoblauchzehe, leicht zerdrückt
50 ml Weißwein
50 ml Birnensaft
400 ml Geflügelfond (Rezept siehe Seite 262)
Meersalz
200 ml Sahne
1 Prise Muskatnuss, frisch abgerieben

Ravioli

Räuchermehl
5 Schalotten, halbiert
Etwas Butter
100 ml Geflügelfond
Einige frische Thymianblätter
Salz
Pfeffer aus der Mühle
100 g grobe Leberwurst
200 g Nudelteig (Rezept siehe Seite 59)

„KOCHEN IST LUST – ES IST DIE LUST, ALLE SINNE ZU AKTIVIEREN, DIE WAHRNEHMUNG DER SINNE ZU SCHÄRFEN UND SIE ZU BEFRIEDIGEN."

„Wissen über die Zutaten ist wichtig beim Kochen. Genau hinschauen, dran riechen, wissen, wie etwas gedeiht – all das gehört dazu.“

RISOTTO MIT WALTROPER SPARGEL, LACHSSASHIMI UND KORIANDER

RISOTTO MIT WALTROPER SPARGEL, LACHSSASHIMI UND KORIANDER*

Zubereitung

In einer Stielkasserolle oder beschichteten Pfanne die Schalotten in ausreichend Olivenöl farblos anschwitzen. Den Reis hinzufügen und gut anschwitzen. Mit Weißwein ablöschen und das Ganze etwa 2 Minuten köcheln lassen. Den Thymian und das Lorbeerblatt zugeben und die Brühe zugießen. Mit etwas Salz würzen. Den Risotto etwa 15 Minuten köcheln lassen, dabei ab und zu umrühren. Sollte der Reis zu sehr eindicken, mit etwas Wasser angießen!

Den Spargel in etwa 0,5 cm große Stücke schneiden und kurz vor Beendigung des Garvorgangs zum Risotto geben.

Den Ristotto mit Peccorino oder Parmesan, Salz, Pfeffer, etwas Olivenöl und einem Spritzer Aceto balsamico abschmecken. (Risotto muss halbflüssig und cremig sein!)

Den Lachs auf den Risotto geben. Koriander, Kaviar und Paprikaflakes vermengen und auf dem Lachs verteilen. Mit Fleur de Sel bestreuen und den Risotto sofort servieren.

„Erst das Wissen um die Produkte sorgt für den reinen Genuss. Am Tag der Zubereitung gestochener Spargel ist natürlich optimal. Frische Spargelstangen sind prall und glänzend. Und sie quietschen, wenn man sie aneinander reibt."

Zutaten

2 Schalotten, gewürfelt
Olivenöl
100 g Risottoreis
60 ml Weißwein
1 Sträußchen frischer Thymian, grob zerkleinert
1 Lorbeerblatt
150 ml Geflügelbrühe
Fleur de Sel (Meersalz-Sorte)
80 g Spargel, geschält
20–30 g Peccorino oder Parmesan, frisch gerieben
Pfeffer aus der Mühle
1 Spritzer Weißer Aceto balsamico
120 g roher Schottischer Lachs, fein geschnitten
1 EL Koriandergrün, fein geschnitten
2 EL Tobiccokaviar (vom Fliegenfisch)
1 TL Paprikaflakes

SPARGEL-RICOTTA-TERRINE AUF PAPRIKACOULIS

SPARGEL-RICOTTA-TERRINE AUF PAPRIKACOULIS*

Zubereitung

Paprikacoulis

Die Paprika klein schneiden und in etwas Olivenöl anschwitzen. Mit Mirin und Reisessig ablöschen. Mit Salz würzen. Abgedeckt bei geringer Hitze weich dünsten. Die Paprika mit Sambal Olek und Sahne im Mixer pürieren und anschließend durch ein Sieb streichen. Mit Salz und etwas Limonensaft abschmecken. Beiseite stellen.

Gelee für die Terrine

Die Tomaten mit dem halben Esslöffel Salz und dem Honig im Mixer pürieren. Die Mischung mit Sternanis und Basilikumblättern in ein Tuch geben und über einer Schüssel gut abtropfen lassen. Das Tomatenwasser in einem Topf bei geringer Hitze aufkochen. Vom Herd nehmen. Die Flüssigkeit mit Salz abschmecken, 20 Minuten ruhen lassen und durch ein Passiertuch filtern. Die Menge abmessen und pro Liter 18 Blätter Gelatine kalt einweichen und dann unterrühren.

Für das Auskleiden der Terrinenform mit Gelee zuerst ein rechteckiges Tablett mit Wasser benetzen und Klarsichtfolie glatt darauf auslegen. Das Tomatengelee etwa 3 mm dünn auf der Folie verteilen, kalt stellen und erstarren lassen. Das restliche Gelee warm und flüssig halten. Die Terrinenform vorsichtig mit der „Gelee-Folie" auskleiden (die Folienseite liegt auf dem Boden beziehungsweise den Wänden der Form). Erneut kalt stellen.

Spargel-Ricotta-Terrine

Den grünen Spargel in kochendem Salzwasser blanchieren, in Eiswasser abschrecken und auf Küchenpapier abtropfen lassen.

Den weißen Spargel sowie die Schalotten klein schneiden und in etwas Butter farblos anschwitzen. Mit Salz würzen. Zugedeckt bei geringer Hitze weich dünsten. Anschließend pürieren und

Zutaten

Paprikacoulis

3–4 rote Paprikaschoten, entstielt und entkernt
Olivenöl
150 ml Mirin (japanischer Reiswein)
1 EL Reisessig
Fleur de Sel (Meersalz-Sorte)
1 TL Sambal Olek
50 ml Sahne
Etwas Limonensaft

Gelee für die Terrine

1 kg vollreife Tomaten, Stielansatz herausgeschnitten
½ EL Salz
2 EL Honig
1 Sternanis
6 Blätter Basilikum
Fleur de Sel
Gelatine (Menge nach Bedarf, siehe Kochanleitung)

Spargel-Ricotta-Terrine

200 g grüner Spargel
Fleur de Sel
250 g weißer Spargel
50 g Schalotten
Etwas Butter
100 g Ricotta
4 ½ Blätter Gelatine, in kaltem Wasser eingeweicht
250 ml Sahne, steif geschlagen
Balsamicoreduktion (Rezept siehe Seite 265)

durch ein feines Sieb streichen. So viel Ricotta zugeben, dass die Mischung 300 Gramm ergibt. Mit Salz abschmecken und die ausgedrückte Gelatine in der noch warmen Masse auflösen. Die Spargel-Ricotta-Mischung auf einem Eisbad rühren, bis sie leicht schaumig ist. Dann die Sahne unterheben. Die Mischung etwa 2 cm hoch in die Terrinenform füllen und im Kühlschrank erstarren lassen. Den restlichen Spargel-Ricotta-Schaum in der Nähe des Herdes stehen lassen, damit er nicht auskühlt.

Etwas Tomatengelee in die Form gießen und den grünen Spargel einlegen. Wieder kalt stellen. Wenn das Gelee fest ist, die zweite Schicht Spargelschaum einfüllen und eine Seite der Folie mit dem Gelee darüberklappen. Die Terrine erneut kalt stellen und 1 Stunde durchkühlen lassen.

Die Terrine aus der Form stürzen, von Folie und überstehendem Gelee befreien. Die Klingen eines elektrischen Sägemessers in heißes Wasser tauchen und die Terrine in Scheiben schneiden.

Zum Servieren die Terrineportionen jeweils auf einem Paprikacoulis-Spiegel anrichten und die Balsamico-Reduktion in perlenartigen Tupfen rundum auf den Teller träufeln.

„Die Aceto-Säure regt den Magen an und hält den Appetit über ein ganzes Menü."

WEISSE TOMATENSCHAUMSUPPE MIT PAPAYA-LAUCH, EMINCÉ VOM KANINCHEN UND GEGRILLTER JAKOBSMUSCHEL

WEISSE TOMATENSCHAUMSUPPE MIT PAPAYA-LAUCH*

Zubereitung

Tomatenschaumsuppe

Die Butter in einem Topf schaumig werden lassen und darin den Lauch, Knoblauch und die Schalotten farblos anschwitzen. Mit Tomatenwasser und Geflügelfond ablöschen. Mit Salz und Thymian würzen und das Ganze auf die Hälfte einkochen lassen. Die Sahne zugeben, aufkochen und die Suppe etwa 5 Minuten köcheln lassen. Anschließend durch ein feines Sieb passieren. Mit Salz und wenig Muskat abschmecken. Warm halten.

Papaya-Lauch

Den Lauch in schäumender Butter einige Sekunden schwenken, Papaya zugeben. Mit Salz und Pfeffer würzen. Warm stellen.

Emincé und Muscheln

Den Kaninchenrücken in 8 Medaillons schneiden und zwischen eingeölter Klarsichtfolie sehr dünn klopfen (Emincé bedeutet Blätterfleisch, also hauchdünne Fleischscheiben). Zwischen der Folie bei 65 °C im Dampfgarer 5 Minuten garen.

Die Jakobsmuscheln in einer vorgewärmten Pfanne in sehr wenig Olivenöl auf beiden Seiten 1 Minute grillen. Mit Salz und Zimt würzen.

Zum Servieren die Suppe mit dem Stabmixer aufschäumen und in Gläser geben. Für jede Portion Kaninchenscheiben, Papaya-Lauch und Jakobsmuscheln auftürmen (nach Belieben Reiscräcker mit aufschichten). Kanakistanglern dazu reichen.

„Ich liebe Kanakistangerl! Als Beilage zur Tomatenschaumsuppe schneide ich die Stanglern allerdings schmaler, fülle sie nicht und bestreue sie mit Sesam."

Zutaten

Tomatenschaumsuppe

3 EL Butter
60 g Lauch, nur das Weiße, fein geschnitten
½ Knoblauchzehe, angestoßen
3 Schalotten, klein geschnitten
200 ml Tomatenwasser (siehe „Tomatendessert", Seite 252)
300 ml Geflügelfond
Salz, frischer Thymian
200 ml Sahne, Muskatnuss

Papaya-Lauch

2 EL Weißes vom Lauch, fein geschnitten
Butter
4 EL Papaya, gewürfelt
Salz und Pfeffer

Emincé und Muscheln

1 Kaninchenrückenfilet
4 Jakobsmuscheln
Olivenöl, Salz, Zimt

GLASNUDELSALAT MIT KURKUMA-VINAIGRETTE UND MARINIERTEN JAKOBSMUSCHELN

GLASNUDELSALAT MIT KURKUMA-VINAIGRETTE*

Zubereitung

Kurkuma-Vinaigrette

Eigelb, Senf und Zwiebelwürfelchen mit dem Weißweinessig vermengen und das Öl unter ständigem Rühren hinzufügen (1 Esslöffel voll beiseite stellen). Crème fraîche und Geflügelbrühe dazugeben. Das Kurkuma mit dem einen Esslöffel Öl kurz in einem kleinen Stieltopf anschwitzen und unter die Vinaigrette rühren. Mit Salz und Pfeffer abschmecken. Kühl stellen.

Glasnudelsalat und Muscheln

Die Glasnudeln in kaltem Wasser einweichen. Die Gemüsewürfel blanchieren. Beiseite stellen.

Das Jakobsmuschelfleisch von Korail und Muskel befreien. Das weiße Muschelfleisch in etwa 2 mm dünne Scheiben schneiden, auf einem Teller ausbreiten und mit Olivenöl, Kerbel, Salz und Pfeffer marinieren.

Die Glasnudeln aus dem kalten Wasser nehmen und in siedendem Salzwasser exakt 3 Minuten blanchieren, anschließend auf einem Sieb abgießen und mit kaltem Wasser abschrecken. Gut abtropfen lassen.

Die Glasnudeln und Gemüsewürfelchen mit der Vinaigrette in einer Schüssel marinieren und gut durchziehen lassen.

Zum Servieren den Glasnudelsalat mit Hilfe einer Fleischgabel aufdrehen und in die Mitte des Tellers setzen. Die Jakobsmuschelscheiben dazulegen. Mit Salatblättchen, Daikonkresse und Kerbel garnieren.

Zutaten

Kurkuma-Vinaigrette

1 Eigelb
1 TL Senf
1 TL fein gewürfelte Zwiebel
100 ml Weißweinessig
250 ml Traubenkernöl
1 EL Crème fraîche
100 ml Geflügelbrühe
1 TL Kurkuma (Gelbwurz)
Salz, Pfeffer aus der Mühle

Glasnudelsalat und Muscheln

100 g Glasnudeln (getrocknet)
60 g Gemüsewürfelchen (Karotte, Sellerie, Zucchini)
140 g Jakobsmuschelfleisch
2 EL Olivenöl
1 EL frischer Kerbel, fein geschnitten
Meersalz, weißer Pfeffer aus der Mühle

Zum Garnieren: Etwas Salat, Daikonkresse und Kerbel

EISBEINSALAT MIT LANGUSTINENCROSTINI UND GEBACKENEN BOHNEN

Zubereitung

Eisbeinsalat

Eisbein, Bouquet garni, Essig, Zwiebel und Knoblauch in reichlich Wasser so lange garen, bis sich das Fleisch leicht vom Knochen lösen lässt. Knochen und weißes Fett vom Eisbein entfernen; Fleisch und Schwarte in einer Pressform zum Durchkühlen in den Kühlschrank stellen. Dann das Fleisch aus der Form stürzen und auf der Aufschnittmaschine in feine Scheiben schneiden. Anschließend wird es mariniert und mit Salz und Pfeffer abgeschmeckt.

Marinade

Die Zucchini gründlich waschen, schälen und nur die Schale in feine Würfel schneiden (das Fruchtfleisch fest in Alufolie einwickeln und im Gemüsefach für eine andere Verwendung aufbewahren). Die Möhre und Paprika mit einem Sparschäler schälen und ebenfalls – wie auch die Peperoni – in feine Würfel schneiden. Paprika- und Peperoniwürfel mit dem Honig, Aceto Balsamico und Olivenöl verrühren. Mit Salz und Pfeffer abschmecken. Zucchini- und Möhrenwürfel in kochendem Salzwasser kurz blanchieren, abgießen, abschrecken und gut abtropfen lassen. Die Würfel unter die Marinade rühren und das Ganze über die Eisbeinscheiben gießen. Ziehen lassen.

Die Bohnen in kochendem, stark gesalzenem Wasser blanchieren. In Eiswasser abschrecken und mit Küchenpapier gut abtrocknen. Zum Panieren nacheinander in Mehl, Ei und Semmelbröseln wenden. Bei 160 °C in reichlich Öl goldgelb frittieren.

Zutaten

Eisbein

1 Eisbein à 1 kg
1 großes Bouquet garni
(Lauch, Thymian, Lorbeer, Stangensellerie)
1 EL Essig
1 Zwiebel, zerkleinert
1 Knoblauchzehe, zerdrückt

Marinade

2 Zucchini, je 1 gelbe und grüne
1 kleine Karotte
1 gelbe Paprikaschote
2 rote Peperoni
1 EL Gebirgsblütenhonig
4 EL weißer Aceto balsamico
2 EL Olivenöl
Meersalz, Pfeffer

Bohnen

100 g Buschbohnen, geputzt
Salz
Zum Panieren: Instantmehl, Ei und Semmelbrösel
Öl zum Frittieren
(Rezept für Crostini siehe folgende Seite)

EISBEINSALAT MIT LANGUSTINENCROSTINI UND GEBACKENEN BOHNEN*

EISBEINSALAT MIT LANGUSTINENCROSTINI UND GEBACKENEN BOHNEN*

Crostini

Für die Crostini den Ofen auf Oberhitze/Grill (höchste Stufe) einstellen. Eine Weißbrotscheibe in 10 cm lange Rechtecke schneiden und auf einem Backblech auslegen. Die Rosmarinblättchen vom Stängel zupfen, grob hacken und mit etwas Olivenöl verrühren. Mit einem Pinsel das Rosmarinöl gleichmäßig dünn auf die Brote streichen.

Das Backblech ganz oben in den Ofen schieben. Das Gratinieren dauert nur 2 bis 4 Minuten, daher empfehle ich, am Ofen stehen zu bleiben, weil das Brot sehr schnell verbrennt. Wenn die Oberseite der Brotscheiben goldbraun ist, die Scheiben wenden und die zweite Seite ebenfalls goldbraun backen. Aus dem Ofen nehmen und auskühlen lassen.

Die Langustinenschwänze aus den Schalen brechen, den Darm entfernen und das Langustinenfleisch mit einem scharfen Messer fein hacken. Mit Salz, Pfeffer, Limonensaft und Olivenöl marinieren. Die Crostini mit dem Tatar bestreichen.

Die Blattsalatherzen mit etwas Dressing marinieren.

Zum Servieren das marinierte Eisbein, die Salatherzen und Kräuter in einem Whiskeytumbler anrichten. Die gebackenen Bohnen locker darauf verteilen und jeweils eines der Crostini auf den Glasrand setzen, sodass es nicht aufweicht.

Crostini

1–2 Weißbrotscheiben
1 Stängel Rosmarin
Olivenöl
4 Langustinenschwänze
Fleur de Sel (Meersalz-Sorte)
Pfeffer aus der Mühle
Etwas Limonensaft
Etwas Olivenöl

Zum Garnieren

Feine Blattsalatherzen, etwas Salatdressing und frische Kräuterblättchen

„Der Geschmack, das Schmecken, also das, was wir auf der Zunge spüren, ist erlernbar – aber nur bis zu einem gewissen Grad. Ohne einen von Natur aus gut ausgeprägten Geschmackssinn gibt's keine Höhenflüge in der Küche."

EISBEINSALAT MIT LANGUSTINENCROSTINI UND GEBACKENEN BOHNEN*

WEISSE WALNUSS-PATA-NEGRA-SUPPE MIT RIESENGARNELE UND WALNUSSCRÊPES

WEISSE WALNUSS-PATA-NEGRA-SUPPE MIT RIESENGARNELE*

Zubereitung

Die Garnelen bis zum Schwanz aus der Schale brechen und den Darm entfernen. Fleisch und Schalen beiseite legen. Nun die Butter in einem Topf schaumig werden lassen und darin den Schinken, Knoblauch und die Schalotten kurz anschwitzen. Mit Geflügelfond ablöschen und mit Salz würzen. Den Thymian und die Garnelenschalen zugeben und das Ganze auf die Hälfte einkochen. Die Sahne unterrühren. Die Suppe aufkochen und etwa 20 Minuten köcheln lassen. Anschließend durch ein feines Sieb passieren. Mit Salz und ein wenig Muskat abschmecken. Kurz vor dem Servieren das Walnussöl zugeben und die Suppe mit einem Stabmixer aufschäumen.

Die Garnelen in etwas Olivenöl braten. Mit Salz und Pfeffer würzen. Kurz beiseite stellen (warm halten) und rasch die Crêpes zubereiten.

Crêpes

Alle Zutaten – außer der Butter zum Ausbacken – nacheinander zugeben und zu einem glatten Crêpes-Teig verarbeiten. Die Crêpes anschließend nacheinander in einer beschichteten Pfanne in etwas Butter ausbacken. Auskühlen lassen und in feine Stücke schneiden.

Zum Servieren die Suppe in Gläser füllen und mit den fein gemahlenen Chiliflakes bestreuen. Die Crêpes-Stücke mit den Garnelen dekorativ anrichten und dann mit Schinkenstreifen und Kräuterblättchen garnieren.

„Beim Garnieren ist der Blick fürs Ganze wichtig und vor allem für die natürliche Schönheit des Produkts. Liebe zum Detail darf nicht in Spielerei ausarten."

Zutaten

4 Riesengarnelen
3 EL Butter
100 g Pata-Negra-Schinken (Schinken vom iberischen Schwarzen Schwein), in feine Streifen oder Würfel geschnitten
½ Knoblauchzehe, angestoßen
3 Schalotten oder kleine Zwiebeln, klein geschnitten
500 ml Geflügelfond (Rezept siehe Seite 262)
Meersalz
Pfeffer aus der Mühle
1 Sträußchen Thymian
200 ml Sahne
Muskatnuss, frisch gerieben
3 EL Walnussöl
Olivenöl

Crêpes

150 g Mehl
4 Eier
500 ml Milch
500 ml Sahne
30 g Nussbutter (gebräunte Butter)
20 ml Walnussöl
1 Prise Salz
1 Prise Zucker
Butter zum Ausbacken

Zum Garnieren

Fein gemahlene Chiliflakes,
frische Kräuterblättchen und feine Schinkenstreifen

ARTISCHOCKE MIT LANDEI UND SCHALOTTEN-POLENTA GEFÜLLT, AUF SPINAT, WEISSEM TRÜFFEL UND PORTWEINREDUKTION

ARTISCHOCKE MIT LANDEI UND SCHALOTTENPOLENTA*

Zubereitung

Den Stiel der Artischocken vorsichtig herausbrechen, die äußeren harten Blätter entfernen und das „Heu“ (den ungenießbaren faserigen Flaum im Inneren) mit Hilfe eines Löffels auskratzen. Den Boden der Artischocken jeweils mit einem scharfen Messer von grünen Stellen befreien und in eine runde Form bringen. Dann kalt abspülen und trockentupfen.

In einer Pfanne das Olivenöl erhitzen und die Artischocken einlegen. Mit Weißwein ablöschen, salzen und bei geringer Hitze abgedeckt dünsten, bis die Artischocken weich sind. Herausnehmen und beiseite stellen.

Portweinreduktion

Die Zutaten in einem Topf aufkochen lassen und bis zu einer sirupartigen Konsistenz einkochen. Vom Herd nehmen und beiseite stellen. (Übrig gebliebene Reduktion hält sich in einem fest verschließbaren Glas mehrere Wochen im Kühlschrank.)

Schaumsauce

Schalotten und Champignons in feine Scheiben schneiden. Mit weißem Portwein, Geflügelfond, Thymian,Lorbeerblatt und Salz kurz aufkochen und anschließend auf ein Drittel einkochen. Durch ein feines Sieb passieren und mit der Sahne aufschäumen (am besten funktioniert das mit einem Pürierstab). Mit Salz und Pfeffer abschmecken.

Schalottenpolenta

Die Schalotten in einem Topf mit 60 Gramm Butter braun anschwitzen. Den Geflügel- oder Gemüsefond, Thymian sowie das Lorbeerblatt zugeben und 2 bis knapp 3 Minuten kochen. Salzen. Polentagries einrühren und 5 Minuten unter ständigem Rühren quellen lassen. Mit Salz und Pfeffer abschmecken. Thymiansträußchen und Lorbeerblatt entfernen.

Zutaten

4 Artischocken
6 EL Olivenöl
60 ml Weißwein
Fleur de Sel (Meersalz-Sorte)

Portweinreduktion

200 ml Portwein
100 ml Rotwein
50 g Zucker

Schaumsauce

50 g Schalotten
50 g weiße Champignons
100 ml weißer Portwein
300 ml Geflügelfond (Rezept siehe Seite 262)
1 Sträußchen Thymian
1 Lorbeerblatt
100 ml Sahne
Salz, Pfeffer

Sahne und Käse erst kurz vor dem Servieren unterrühren. Die Polenta wieder erhitzen; sie sollte „halb flüssig“ sein; falls sie eingedickt ist, etwas Wasser zugeben, um die gewünschte Konsistenz wiederherzustellen.

In einer vorgewärmten Pfanne etwa 2 Esslöffel Butter nussbraun werden lassen. Die Knoblauchzehe durch die Pfanne schwenken und den Spinat zugeben. Den Spinat mehrmals wenden und mit Salz und frisch geriebener Muskatnuss würzen. Sobald der Spinat zusammengefallen ist, vom Herd nehmen und sofort anrichten.

Zum Servieren den Spinat in die Mitte der Teller auf einen Polentaspiegel geben. (Mit Hilfe eines kleinen Edelstahlrings lässt sich eine schöne runde Form erzielen.) Die Artischocken aufsetzen und mit sehr heißer Polenta füllen. Mit einem kleinen Saucenlöffel eine Kuhle in die Polenta drücken und je ein rohes Eigelb hineingleiten lassen. (Die Eier sollten Zimmertemperatur haben und erst kurz vorher getrennt worden sein!) Mit weißem Schaum überziehen. Portweinreduktion rund um das Ganze ziehen und etwas Trüffel darüber hobeln.

TIPP: Sollte Ihre Haushaltskasse gerade kein grünes Licht für Weißen Trüffel geben oder ist gerade keine Saison, können Sie das Gericht auch mit grob gehackten Walnüssen, abgezupften Holunderblütchen oder zarten Kräuterblättchen bestreuen.

„Suppen und Saucen aufzuschäumen, erfordert etwas Fingerspitzengefühl, denn sie dürfen weder zu fett, zu mager noch zu heiß sein, sonst lässt sich nur ziemlich mickriger Schaum blicken.“

Schalottenpolenta

6 Schalotten, fein gewürfelt
Butter
200 ml Geflügel- oder Gemüsefond
1 Sträußchen Thymian
1 Lorbeerblatt
100 g Polentagries
Meersalz
Pfeffer aus der Mühle
100 ml Sahne
4 EL Peccorino oder Parmesan, frisch gerieben
1 Knoblauchzehe, zerdrückt
150 g junger Blattspinat, gewaschen und gut abgetropft
Muskatnuss
4 Eigelbe von Freilandhühnern
1 weißer Trüffel

„Wenn das Anrichten – wie hier – in mehreren Schritten erfolgt, muss man zügig arbeiten, sonst kühlt das Ganze zu sehr ab.“

THUNFISCHTATAR MIT GEBACKENEN SCHALOTTEN, LIMONEN-SESAMGLACE UND WASABICREME

Zubereitung

Das Thunfischfilet in kleine Würfel schneiden und mit Dajong, Sesamöl, Erdnussöl und Salz abschmecken. Kalt stellen.

Die Wasabipaste mit der Crème fraîche verrühren und mit Salz abschmecken. Anschließend ebenfalls kalt stellen.

Für die Limonen-Sesamglace die Limone schälen und filetieren. Die Limonenfilets beiseite stellen. Den übrigen Saft der Limone mit der Sojasauce, der Ketjab Manis, dem Honig, dem Curry und dem Ingwer in einem Topf langsam auf sirupartige Konsistenz reduzieren lassen. Nach dem Reduzieren die Glace vom Herd nehmen, auskühlen lassen und den Sesam sowie die Limonenfilets zugeben.

In der Zwischenzeit die Sesamsaat in einer trockenen Pfanne auf mittlerer Hitze rösten. Erst so entfaltet er sein feines Aroma.

In einem hohen Topf das Erdnussöl auf 150 °C erhitzen. Die Schalotten auf einem Hobel hauchdünn in Ringe schneiden und mit Instantmehl mehlieren. Im heißen Öl ausbacken, auf einem Küchenkrepp abtropfen lassen und mit Salz würzen.

Den Tempurateig nach Packungsbeschreibung mit Wasser anrühren. Dann den Schnittlauch durch den Teig ziehen, ebenfalls in dem heißen Öl ausbacken und auf einem Küchenkrepp abtropfen lassen.

Den Frühlingslauch in einer vorgeheizten Pfanne mit einem Esslöffel Erdnussöl 30 Sekunden anschwitzen. Mit Salz würzen und vom Feuer nehmen.

Das Thunfischtatar in der Tellermitte anrichten und die Wasabicreme mit einem Löffelstiel vorsichtig darum setzen. Die Limonen-Sesamglace mit einem Löffel angießen. Die Schalotten sowie den Frühlingslauch daneben arrangieren. Den Spinatsalat mit weißem Aceto, Olivenöl und Salz marinieren und mit der Daikonkresse garnieren.

Zutaten

250 g frisches Thunfischfilet, Sushi-Qualität
2 Msp. Dajong-Gewürzmischung
1 TL Sesamöl
2 EL Erdnussöl
2 TL Wasabipaste
1 EL Crème fraîche

Limonen-Sesamglace

1 Limone
100 ml Sojasauce
25 ml Ketjab Manis (süße Sojasauce)
50 g Akazienhonig
1 Msp. Curry
20 g Ingwer, gehackt
1 TL schwarzer und weißer Sesam
500 ml Erdnussöl
2 mittelgroße Schalotten, geschält
1 TL Instantmehl
Meersalz
1 EL Tempurateigmischung
Etwas Schnittlauch
4 Stangen Frühlingslauch, gewaschen und geputzt

Zum Dekorieren

Etwas Spinatsalat und Daikonkresse
Weißer Aceto balsamico
Olivenöl

GEBRATENE JAKOBSMUSCHELN MIT KARTOFFEL-LIMONEN-RAVIOLI UND SAFRANNAGE

GEBRATENE JAKOBSMUSCHELN MIT KARTOFFEL-LIMONEN-RAVIOLI*

Zubereitung

Jakobsmuscheln

Die Jakobsmuscheln müssen zunächst geöffnet werden. Am leichtesten funktioniert das, wenn man mit ein Tafelmesser am Ende der Muschel dazwischen schiebt und das Messer dann längs der flachen Seite der Muschel führt, dabei wird der Muskel durchtrennt.

Verwendet wird nur der rosa-orangefarbene Corail beziehungsweise Rogen und der weiße Muskelstrang, der beide Schalenhälften zusammenhält.

Die Muschel vorsichtig aus der Schale nehmen und von „Därmen“ und Sand befreien. Kurz unter kaltem Wasser abspülen und auf Küchenkrepp legen. Erst wenn alle Beilagen fertig sind, die Muscheln in einer sehr heißen Pfanne mit wenig Olivenöl von beiden Seiten je 1 Minute grillen.

Die Reste des Muschelinneren wässern und für die Sauce verwenden.

Nudelteig

Den Teig unbedingt eine Stunde vorher ansetzen! Mehl auf die Arbeitsfläche häufen, eine Vertiefung in die Mitte drücken, die Eigelbe in die Mitte gleiten lassen, Salz und Öl zufügen. Zuerst mit einer Gabel die Eier verquirlen, dabei vom Mehlrand so viel einarbeiten, wie die Eier aufnehmen können. Sobald sich ein Teig gebildet hat, diesen mit den Händen durcharbeiten. Anschließend den Teig in eine Plastiktüte gehüllt eine halbe Stunde im Kühlschrank ruhen lassen!

Zutaten

12 Jakobsmuscheln

Nudelteig

150 g Eigelb
250 g Mehl
Salz
Etwas Öl
Eventuell etwas Safranpulver

Kartoffelfüllung

150 g Kartoffeln
50 ml Sahne
25 g Butter
½ EL Limonenöl oder ½ Msp. konfierte Limonenzeste

Safrannage

100 g Schalotten, geschält und fein geschnitten
50 g Fenchel, fein geschnitten
50 g Weißes vom Lauch, gewaschen und fein geschnitten
1 Knoblauchzehe, gestoßen
1 Thymiansträußchen
5 rosa Pfefferbeeren
10 Korianderkörner, gestoßen
200 ml Weißwein
100 ml Martini Extra Dry
500 ml Fischfond (Rezept siehe Seite 263)
Muschelabgänge
Salz, Pfeffer
Safranfäden
Etwas Butter, mildes Olivenöl

060 **FIRST LOVE**

GEBRATENE JAKOBSMUSCHELN MIT KARTOFFEL-LIMONEN-RAVIOLI*

Ravioli

Den Nudelteig sehr dünn ausrollen und mit Eiweiß einpinseln. Mit einem Löffel kleine Häufchen der Püreefüllung in regelmäßigen Abständen nebeneinander setzen (in etwa alle 6 bis 8 cm). Mit einer zweiten Teigplatte abdecken, rund um die Füllung gut festdrücken. Mit einem Teigrädchen die Ravioli ausradeln oder mit einem Ravioliausstecher ausstechen.

Die Ravioli in reichlich kochendem Salzwasser etwa 2 Minuten ziehen lassen, sobald die Ravioli oben schwimmen und das Wasser einmal aufgewallt ist, sind sie gar. Mit einer Schaumkelle herausheben.

Safrannage

In einer Stielkasserole die Gemüse in etwas Butter anschwitzen. Thymian, rosa Pfeffer, Korianderkörner und Salz zugeben, mit Weißwein und Martini ablöschen und auf ein Drittel reduzieren. Fischfond und Muschelabgänge zugeben und erneut auf ein Drittel reduzieren. Durch ein feines Sieb gießen, Safran zugeben und mit kalter Butter und Olivenöl binden.

TIPP: Als Gemüsebeilage zu diesem Gericht empfehle ich gebratene Artischocken, jungen, gedünsteten Spinat oder feines Ratatouille.

SALAT VON PULPO UND DICKEN BOHNEN MIT GRATINIERTEN LANGUSTINEN

SALAT VON PULPO UND DICKEN BOHNEN MIT GRATINIERTEN LANGUSTINEN*

Zubereitung

Den Kraken säubern, den Körperbeutel umstülpen sowie die Eingeweide und den Kopf vorsichtig entfernen. Die Kauwerkzeuge herausschneiden.

Gemüse, Kräuter und Gewürze in einem großen Topf mit Olivenöl anschwitzen und mit Wasser auffüllen. Zum Kochen bringen, den Kraken in den Topf gleiten lassen und etwa 45 Minuten garen. Zur Garprobe einstechen. Wenn der Krake weich ist, den Topf von der Kochstelle nehmen und für etwa 15 Minuten beiseite stellen.

Den Kraken herausnehmen, drei Viertel in verhältnismäßig kleine Stücke schneiden; ein Viertel der Tentakel ganz lassen.

Die Langustinenschwänze von Kopf und Scheren befreien. Die Schwänze flach auf ein Schneidebrett legen und mit einem großen Messer längs halbieren, aber in der Schale belassen. Den Darm herausnehmen und kalt stellen.

Für die Langustinenschaumsauce die Köpfe und Beine unter kaltem Wasser abspülen und abtropfen lassen. Anschließend in eine Plastiktüte geben (damit es nicht so spritzt) und mit einem Fleischklopfer oder Ähnlichem zerschlagen. Die weitere Zubereitung entnehmen Sie bitte dem Rezept „Bretonischer Hummer" auf Seite 142.

Die Bohnenkerne in kochendem Salzwasser 3 bis 4 Minuten blanchieren und anschließend in Eiswasser abschrecken. Die feinen grünen Kerne in der Mitte der Bohne herauslösen, die Schale wegwerfen. Die Hälfte der grünen Kerne mit den Schalotten, dem Geflügelfond, der Sahne und etwas Salz aufkochen, mixen und passieren. Die entstandene Sauce anschließend beiseite stellen.

Zutaten

6 große Langustinen (Kaisergranaten)
600 g Pulpo (Krake)
80 g Karotten, gewaschen und zerkleinert
80 g Staudensellerie, gewaschen und zerkleinert
60 g Lauch, gewaschen und zerkleinert
80 g Fenchel, gewaschen und zerkleinert
2 Knoblauchzehen, zerdrückt
2 Zweige Thymian
2 Lorbeerblätter
1 Msp. Paprikapulver
1 Msp. Currypulver
Olivenöl
300 g frische dicke Bohnen (Saubohnen), ohne Schote, klein gewürfelt
1 Schalotte
150 ml Geflügelfond (Rezept siehe Seite 262)
100 ml Sahne
Meersalz

Zum Dekorieren: Schnittlauch und Bohnenblüten

Die Langustinenhälften mit Café de Paris-Butter (Rezept siehe Seite 259) belegen, auf ein Backblech setzen und 4 Minuten bei Oberhitze/Grill gratinieren.

Die andere Hälfte der Kerne, den Pulpo und 3 Esslöffel Café de Paris-Butter in einer Stielkasserole lauwarm anschwitzen und anschließend in die Tellermitten verteilen. Die gratinierten Langustinen darauf setzen und an jedem Teller einen warmen Pulpoarm dekorativ anlegen. Die Bohnen- sowie die Langustinensauce aufschäumen und an den Salat geben. Mit etwas Schnittlauch- und Bohnenblüten dekorieren.

MEET THE MEAT

„MAN SOLLTE DIE GUTE ALTE TRADITION DES SONNTAGSBRATENS WIEDER EINFÜHREN UND NICHT JEDEN TAG FLEISCH AUF DEN TISCH BRINGEN. DENN DIE QUALITÄT SOLLTE IM VORDERGRUND STEHEN – UND DIE HAT IHREN PREIS.“

Fleischeslust

Wenn mich jemand nach den Todsünden bei der Fleischzubereitung fragt, wird er überrascht sein, dass „well-done" nicht dazugehört. Durchgebraten! Kein bisschen Rosa im Kern vom Rehrücken! Rinderfilet ohne ein Tröpfchen Blut! Das ist für manch einen Koch eine Todsünde. Aber was soll's? Wenn ein Gast sein Fleisch gerne durchgebraten isst, dann soll er es auch so bekommen. Mir als Küchenchef muss deswegen noch lange kein Zacken aus der Krone fallen. Im Gegenteil, für mich ist es schließlich auch ein Ansporn, das Fleisch nun einen Tick besser zuzubereiten, als der Gast das aus anderen Lokalen kennt. Schließlich bin ich am Ende des Tages auch Gastgeber – und was nützt es, wenn ich zwar das Gericht exakt nach meinen Vorstellungen auf den Tisch bringe, der Gast damit aber nicht glücklich und zufrieden ist. Und das ist für einen Koch immer noch das größte Kompliment!

Auch als Perfektionist muss man in der Lage sein, manchmal Kompromisse einzugehen, gerade wenn es darum geht, dem Gast eine Freude zu bereiten! Bei der Auswahl von Produkten und Zutaten für ein Gericht sollte man allerdings keine Kompromisse eingehen. Denn Frische und Qualität haben einen sehr viel entscheidenderen Einfluss auf das Wohl und Wehe eines Gerichts, als am Ende die leidige Diskussion um „well-done" oder „roh". Deshalb plädiere ich auch für die Wiedereinführung des guten, alten Sonntagsbratens! Gutes Fleisch ist etwas ganz besonderes, ein Lebensmittel, dem man mit höchstem Respekt begegnen sollte. Schließlich hat ein Tier dafür sein Leben gegeben. Qualitativ hochswertiges Fleisch hat natürlich seinen Preis, aber der ist mehr als gerechtfertigt, wenn ich mir als Käufer sicher sein kann, dass das Fleisch von einem artgerecht aufgezogenen und gehaltenen Tier stammt. Ich bin ein absoluter, vehementer Verfechter von Qualität und verzichte wirklich liebend gerne auf den täglichen Verzehr eines Produktes, wenn ich es nur in minderer Qualität auf den Tisch bringen kann. Für Fleisch gilt für mich deshalb in besonderem Maße die Maxime: „Less is more!" Also, zurück zum Sonntagsbraten.

Bei meinen Kochveranstaltungen führe ich meinen Gästen deshalb immer folgendes vor Augen: Ganz egal, ob man für sich alleine, für die Familie oder für ein rappelvolles Lokal kocht, das größte Geheimnis liegt in der Qualität der Produkte. Es geht bei der Zubereitung eines Gerichts nicht in erster Linie um ein stur zu befolgendes Rezept, um 5 Gramm hiervon, oder 10 Gramm davon – das ist Mathematik! Und ob man den Risotto links oder rechts herum rührt oder gar nicht, spielt im Grunde auch keine Rolle, so lange man sich den Zutaten und deren Eigenschaften aufmerksam und mit Blick für gute Qualität widmet! Wenn Sie also hochwertige Produkte, gutes Fleisch verwenden, wird die Entscheidung zwischen „well-done" und „englisch" nicht über die geschmackliche Qualität des Gerichts entscheiden – und für alle, die sich davon nicht überzeugen lassen, gibt es schließlich noch wunderbare Schmorgerichte!

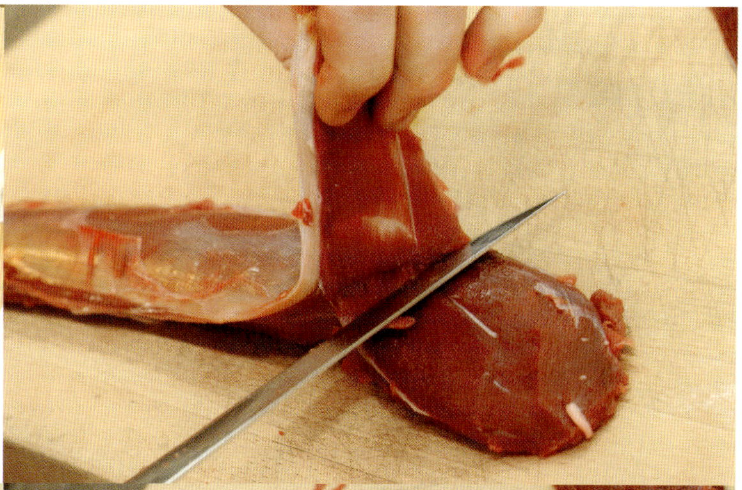

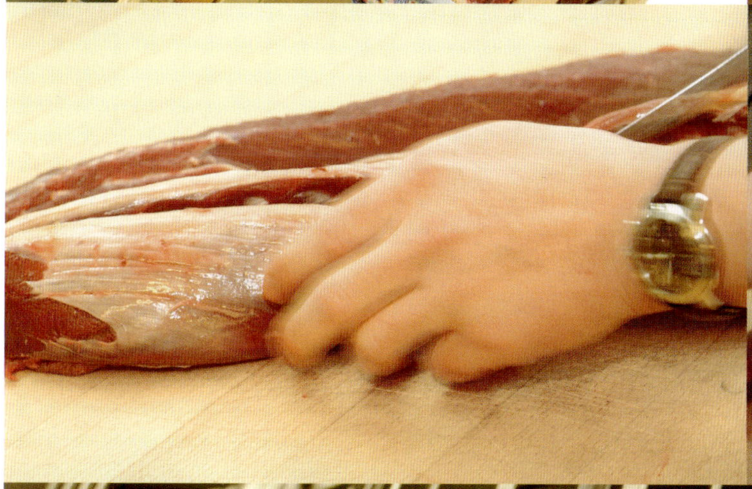

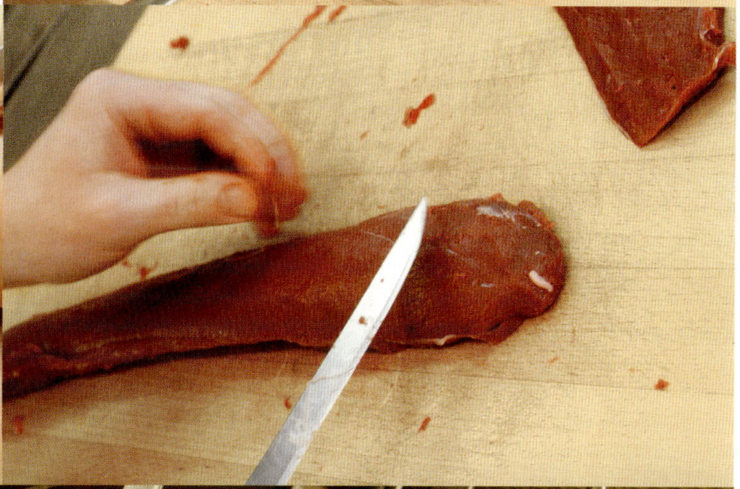

LACKIERTE ENTENBRUST AUF GEDÄMPFTEM SPINAT, MIT ROSINEN-SECHUANPFEFFERSAUCE UND GEFÜLLTEM WEISSBROT

LACKIERTE ENTENBRUST AUF GEDÄMPFTEM SPINAT*

Zubereitung

Für den Lack den Zucker und 30 Milliliter Wasser in einem Topf zu einem dunklen Karamell kochen. Mit Essig ablöschen. Den Ingwer sowie etwas Salz zugeben. Den Sirup einkochen. Der Lack ist fertig, wenn auf einen kalten Teller geträufelte Tropfen eine klebrige, feste Konsistenz aufweisen. Abkühlen lassen.

Die Entenbrüste salzen, pfeffern und auf der Fleischseite in einer vorgewärmten Pfanne in Erdnussöl anbraten. Wenden und so viel Öl zugießen, dass die Haut gleichmäßig in ausreichend Öl liegt. So kann das Fett der Entenbrust gut austreten. Bei mittlerer Hitze braten, bis die Haut schön knusprig ist. Die Entenbrüste aus der Pfanne nehmen und auf ein Backblech setzen.

Die Grießknödelmasse nach Rezept zubereiten und vor dem Erkalten mit den Pinienkernen vermengen.

Das Baguette in 8 etwa 0,5 cm dicke, 6 cm lange Scheiben schneiden. Die Scheiben mit Grießknödelmasse bestreichen, zu 4 Broten zusammensetzen und diese in einer beschichteten Pfanne mit Erdnussöl, etwas Butter und Rosmarin knusprig ausbacken. Auf Küchenpapier abtropfen lassen.

Die Entenbrüste auf der knusprigen Hautseite mit Lack bestreichen und bei 170 °C Umluft/Grill 6 Minuten ganz oben in den Ofen schieben. Der Lack muss auf der Haut nochmals karamellisieren. Herausnehmen und 2 Minuten ruhen lassen.

Inzwischen 2 Esslöffel Butter in einer Pfanne nussbraun werden lassen. Spinat zugeben und wenden, bis er zusammenfällt. Mit Salz und Muskat würzen.

Den Portwein mit Sechuanpfeffer und Rosinen einkochen. Mit Kalbsglace auffüllen und aufkochen. Mit kalter Butter binden.

Zutaten

100 g Zucker
100 ml Rotweinessig
1 TL Ingwer, fein gehackt
Fleur de Sel (Meersalz-Sorte)
4 Entenbrüste, von Sehnen befreit
Pfeffer aus der Mühle
Erdnussöl
100 g Grießknödelmasse (Rezept siehe „Heidschnucke“, Seite 84)
2 EL Pinienkerne, geröstet
½ Baguette
Butter
1 Stängel Rosmarin
150 g Spinat
Muskatnuss, frisch gerieben
40 ml Portwein
1 TL Sechuanpfeffer
20 g gelbe Rosinen
100 ml Kalbsglace (Rezept siehe Seite 261)

„Gäbe es einen Oscar für ‚Gaumenlust im Handumdrehen', würde ich den in nussbrauner Butter geschwenkten jungen Blattspinat nominieren."

„Ich rate jedem, sich vernünftige Messer anzuschaffen. Wer diese edle Entenbrust mit ihrer knusprigen Haut mit einem stumpfen Messer zersäbelt, ist ein Banause!“

MIT BALSAMICO KARAMELLISIERTE TAUBENBRUST AUF RAUCHAAL-TORTILLA UND SAFRAN-SCHALOTTEN

Zubereitung

In einer Pfanne den Zucker mit 2 Esslöffeln Olivenöl unter Rühren karamellisieren. Schalotten hinzufügen. Mit Salz und Pfeffer würzen und mit Martini ablöschen. Safran zugeben und alles bei geschlossenem Deckel etwa 10 Minuten dünsten.

Den Rhabarber zugeben und schwenken. Den entstandenen Saft bei großer Hitze vollständig einkochen und mit etwas Butter binden. Mit Salz und Pfeffer abschmecken.

Die Taubenbrüste mit Salz und Pfeffer würzen. In etwas Erdnussöl zuerst auf der Fleischseite, dann auf der anderen Seite anbraten. Herausnehmen. Den Puderzucker in die Pfanne geben und karamellisieren. Mit Aceto balsamico ablöschen und einkochen lassen. Die Taubenbrüste wieder in die Pfanne legen, schwenken und für 5 Minuten bei 120 °C in den Ofen geben.

Den Backofen auf 160 °C vorheizen. In der Zwischenzeit in einer beschichteten Pfanne 1 Tasse Olivenöl erhitzen. Die Kartoffeln hinzufügen und bei mittlerer Hitze farblos garen; dabei mehrmals wenden. Das Öl abgießen. Den Rauchaal unter die Kartoffeln heben. Die Eier gut verrühren, mit Salz sowie Pfeffer würzen und in die Pfanne gießen. Die Tortilla 12 bis 14 Minuten im Ofen garen. Herausnehmen, stürzen und rund ausstechen.

Das Gericht mit etwas Rotweinredutkion und aufgeschäumte Geflügelgrundsauce servieren.

Zutaten

½ EL brauner Zucker
Olivenöl
6 Schalotten, geviertelt
Meersalz, Pfeffer aus der Mühle
2 cl Martini Extra Dry
1 Msp. Safran
200 g Rhabarber, geputzt und in Stücke geschnitten
Butter
4 Taubenbrüste mit Haut und Flügeln
Erdnussöl
1 EL Puderzucker
1 Espressotasse Aceto balsamico
150 g Kartoffel, geschält und gewürfelt
80 g Rauchaal, gewürfelt und gedünstet
2 Eier
100 ml Rotweinreduktion (Rezept siehe Seite 265)
Etwas Geflügelgrundsauce (Rezept siehe Seite 264)

MIT BALSAMICO KARAMELLISIERTE TAUBENBRUST*

TAUBE MIT SPECKDATTELN, BREITEN BOHNEN UND „LEBER-HANUTA“

TAUBE MIT SPECKDATTELN, BREITEN BOHNEN UND „LEBER-HANUTA“*

Zubereitung

Für die „Hanuta" die Lebern von Sehnen befreien und mit einem großen Messer sehr fein hacken. Das Leberhack mit Schalotten und Knoblauch in Olivenöl leicht anbraten, mit Salz und Pfeffer würzen und zu einer Paste verrühren. Mit Thymian und Parmesan abschmecken. Ist die Paste zu trocken, ein Eigelb unterrühren. Die beiden Toastscheiben mit der Paste bestreichen und zusammenklappen. Die „Hanuta" kurz vor dem Servieren in schäumender Butter ausbacken. Die Brotkanten mit einem Sägemesser abschneiden. Das Brot in vier Quadrate schneiden.

Den Backofen auf 170 °C vorheizen. Die Tauben mit Salz und Pfeffer würzen, mit Rosmarin füllen und in Erdnussöl von allen Seiten anbraten. Auf den Rücken legen und 10 Minuten im Ofen garen. Herausnehmen und 4 Minuten ruhen lassen.

Die Taubenbrüste von der Karkasse (vom Gerippe) lösen und einen Teil in feine Scheiben schneiden.

Für eine Sauce die Karkassen klein hacken, mit Rotweinsauce aufkochen und durch ein feines Sieb passieren. (Aus den Keulen ein Kompott kochen und als weiteren Gang servieren.)

Die Bohnen in stark gesalzenem Wasser blanchieren, abtropfen lassen und in etwas schäumender Butter zusammen mit den gehackten Schalotten schwenken.

Die Datteln halbieren, entkernen (bei frischen Datteln die harte Haut abziehen) und fest in den Speck oder Schinken wickeln. In schäumender Butter rundum leicht kross braten.

Zum Servieren jeweils einen Saucenspiegel auf vorgewärmte Teller geben und darauf die Bohnen sowie die anderen Bestandteile des Gerichtes anrichten.

Zutaten

200 g Tauben- und/oder Geflügelleber
60 g Schalotten, fein gewürfelt
1 Msp. Knoblauch, fein gehackt
Olivenöl
Fleur de Sel (Meersalz-Sorte)
Pfeffer aus der Mühle
1 TL Thymianblätter
3 EL Parmesan, fein gerieben
1 Eigelb (bei Bedarf)
2 Scheiben Toastbrot
Butter
4 Tauben
1 kleine Handvoll Rosmarinzweige
Erdnussöl
100 ml Rotweinreduktion (Rezept siehe Seite 265)
200 g breite grüne Bohnen
1 TL Schalotten, fein gehackt
4 Datteln
8 Scheiben luftgetrockneter, durchwachsener Speck oder roher Schinken, hauchdünn geschnitten

„Auch wenn manchem Taubenzüchter in meiner Heimat das Herz blutet: So ein knusprig gebratenes Täubchen in der Pfanne ist einfach zum Abheben!“

„Ein raffiniertes Trio: honigsüße Datteln, nussiger Schinken und Butter. Wer's etwas deftiger mag, nimmt durchwachsenen Speck."

24–STUNDEN-OPÈRA VON GÄNSEMASTLEBER MIT APFEL-KORIANDER-KONFIT UND TRÜFFEL-PUNSCH

Zubereitung

Opéra

Den Portwein mit dem Madeira in einer Stielkasserolle bei starker Hitze reduzieren, bis eine sirupartige Konsistenz erreicht ist. Auskühlen lassen.

Die Gänsemastleber aufklappen. Blutreste sowie Sehnen entfernen, diese Abschnitte durch ein feines Sieb streichen und wieder auf die Leber verteilen. (Zügig arbeiten, die Leber muss kühl bleiben!) Die Leber beidseitig mit Salz, Pökelsalz, Pfeffer, der Madeira-Portweinreduktion und Kirschwasser würzen.

Die Leber in eine Emailleterrinenform legen und flach drücken. Gut mit Klarsichtfolie abdecken, da die Leber grau wird, wenn sie zu lange mit Sauerstoff in Kontakt kommt. Die Leberterrine einen Tag lang im Kühlschrank marinieren lassen, dann bei 68 bis 75 °C etwa 35 Minuten pochieren und für einen weiteren Tag in den Kühlschrank stellen.

Die ausgekühlte Leber in 3 mm dünne Scheiben schneiden und rund ausstechen (Größe wie der Innendurchmesser der Ringe, in welche die Opéra später eingesetzt wird). Kalt stellen.

Für die Opéra-Mousse die 150 Gramm Gänseleber in einem Universal-Zerkleinerer pürieren. Mit 50 Millilitern Kalbsglace in einer Schüssel im Wasserbad warm und glatt rühren. Die ausgedrückte Gelatine zugeben und die Mischung auf Eis kalt rühren, bis sie sich zu verfestigen beginnt. Die Sahne unterheben. Mit Salz und Pfeffer abschmecken.

Die restliche Kalbsglace erhitzen. Die Ringe auf einem Tablett verteilen. Abwechselnd Gänseleberscheiben, Kalbsglace und Mousse in die Ringe schichten. Zwischen jeder Schicht kurz kühl stellen. Die gefüllten Ringe nochmals durchkühlen lassen.

Apfel-Koriander-Konfit

Die Äpfel schälen und in exakte kleine Würfel schneiden. Den Zucker in einem Stieltopf karamellisieren. Den Esslöffel Butter, den Koriander und 100 Milliliter Apfelsaft zugeben und bei starker Hitze kochen, bis sich der Karamell aufgelöst hat. Die Stärke mit dem restlichen Apfelsaft verrühren und das kochende Konfit damit binden. Vom Herd nehmen und die eiskalte Butter unterrühren. Das Konfit kalt stellen.

Punsch

Den Portwein aufkochen lassen und auf ein Drittel reduzieren. Geflügelconsommé zugießen und langsam erhitzen. Gemüse- und Trüffelwürfel zugeben. Vom Herd nehmen.

Zum Servieren die Opéra mit einem kleinen Messer von der Ringwand lösen und auf die Teller gleiten lassen. Etwas Konfit hinzufügen. Den Punsch in kleine Gläser füllen und jeweils etwas Milchschaum obenauf setzen.

Zutaten

Opéra

80 ml Weißer Portwein

80 ml Madeira

1 Gänsemastleber, etwa 700 g

10 g Salz

3 g Pökelsalz

Weißer Pfeffer aus der Mühle

Koriander aus der Mühle

1 cl hochwertiges Kirschwasser

150 ml Kalbsglace (Rezept siehe Seite 261)

150 g Gänseleber, grob zerkleinert

1 Blatt Gelatine, in kaltem Wasser eingeweicht

100 ml Sahne, geschlagen

8 etwa 5 cm hohe Ringe aus Pappe oder Edelstahl (Dessertringe)

Apfel-Koriander-Konfit

2 Äpfel

15 g Zucker

1 EL Butter

1 Msp. Koriander, frisch gemahlen

125 ml Apfelsaft

4 g Mondamin

10 g eiskalte Butter

Punsch

100 ml roter Portwein

300 ml Geflügelconsommé (Rezept siehe Seite 260)

4 EL Karotten- und Selleriewürfel, blanchiert

1 EL Trüffel, gewürfelt

4 EL Milchschaum

GEBRATENE GÄNSELEBER MIT SPARGEL UND MANDEL-PESTO MIT KONFIERTER ZITRONE

GEBRATENE GÄNSELEBER MIT SPARGEL UND MANDEL-PESTO*

Zubereitung

Den Backofen auf 170 °C vorheizen. Den Spargel schälen und die unteren Enden dünn abschneiden. Die Spargelstangen mit Olivenöl einreiben und mit Salz und Pfeffer würzen. Vier Stücke Alufolie ausbreiten. Darauf den Spargel, die Thymiansträußchen und den Sternanis verteilen. Einige Butterflocken hinzufügen und die Alufolie verschließen. Die Päckchen 20 Minuten in den Backofen geben.

In der Zwischenzeit Mandeln, Parmesan, Marzipan, Knoblauch, konfierte Zitronenschale und 100 Milliliter Olivenöl im Mixer zu einem Pesto verarbeiten. Mit Salz und Pfeffer abschmecken.

Die Gänseleber in Mehl wenden. Eine Pfanne gut vorheizen und darin die Leber in sehr wenig Erdnussöl auf beiden Seiten knusprig braun braten. Herausnehmen und auf einem Küchenpapier abtropfen lassen.

Zum Servieren die noch verschlossenen Spargelpäckchen auf vorgewärmte Teller legen. (Wenn die Folie erst am Tisch geöffnet wird, bleibt das ganze Spargelaroma erhalten!) Die Gänseleber, den Mandelpesto mit der konfierten Zitrone und etwas Kalbsglace zum Spargel separat dazu reichen.

Zutaten

400 g weißer Spargel
Olivenöl
Fleur de Sel (Meersalz-Sorte)
Pfeffer aus der Mühle
4 Sträußchen Thymian
4 Stück Sternanis
4 EL Butter
100 g Mandeln
40 g Parmesan
30 g Marzipan
Etwas Knoblauch
1 TL konfierte (kandierte) Zitronenschale
(Rezept siehe Seite 168 bei „Knurrhahn im Muschelduft“)
4 Scheiben Gänsemastleber, eisgekühlt
Instantmehl
Erdnussöl
Etwas Kalbsglace (Rezept siehe Seite 261)

SCHWARZES KANINCHEN MIT LARDO, FARNKNOSPEN UND GERÄUCHERTER TOMATENJUS

Zubereitung

Tomatenjus

Die Tomaten vierteln und die Samen entfernen. Die Tomatenfilets auf ein mit Backpapier ausgelegtes Backblech legen und über Nacht bei 70 °C im Ofen antrocknen lassen.

Das Räuchermehl in einem Topf auf einem Campingkocher im Freien zum Qualmen bringen. Ein Gitter in den Topf legen und die Tomaten mit dem Backpapier darauf setzen. Flamme ausstellen. Die Tomaten 15 Minuten im zugedeckten Topf lassen, anschließend in kleine Würfel schneiden und mit etwas Olivenöl marinieren.

Die Kalbsglace aufkochen lassen, die Tomatenwürfel zugeben und 1 Teelöffel kalte Butter einrühren. Warm halten.

Kaninchen

Die Kaninchenfilets von Silberhaut und Sehnen befreien. Mit Salz würzen und in Trompetenpilzpulver wenden.

In einer Pfanne Butter und Olivenöl schaumig erhitzen. Kaninchenfilets und -nieren hinzufügen und mit Salz würzen, nach 1 Minute wenden. Salbeiblätter sowie Pfeffer hinzufügen und das Ganze nun 1 weitere Minute braten. Die Pfanne von der Kochstelle nehmen und 3 Minuten am Herdrand stehen lassen, dabei die Filets und Nieren mehrmals wenden.

Kurz vor dem Servieren in einer anderen Pfanne die Butter zerlassen und die Farnknospen darin sautieren. Mit Salz würzen.

Zum Servieren den Lardo auf die Teller verteilen. Die Kaninchenrückenfilets längs halbieren und mit den Nieren auf dem Speck anrichten. Tomatenjus und Farnknospen hinzufügen. Mit Salbei und Sellerie garnieren.

Zutaten

Tomatenjus

4 reife Strauchtomaten, enthäutet
1 Tasse Räuchermehl
Olivenöl
100 ml Kalbsglace (Rezept siehe Seite 261)
1 TL Butter

Kaninchen

4 Kaninchenrückenfilets
50 g gemahlene getrocknete Trompetenpilze
2 EL Butter
2 EL Olivenöl
4 Kaninchennieren, halbiert
Fleur de Sel (Meersalz-Sorte)
Einige Salbeiblätter
Pfeffer aus der Mühle

Zum Garnieren

150 g Farnknospen, 2 EL Butter, Salz,
100 g Lardo di Colonnata (gereifter italienischer fetter Speck), hauchdünn geschnitten,
Salbeiblätter

GESCHMORTE HEIDSCHNUCKENSCHULTER MIT ESSIGKNÖDELN, PFIFFERLINGEN, KANDIERTEM KNOBLAUCH UND KRÄUTERÖL

Zubereitung

Heidschnucke

Die Heidschnuckenschulter in einer vorgeheizten Bratenreine mit Olivenöl rundum braun braten. Schmorgemüse, Knoblauch, Tomatenwürfel, Tomatenmark, Thymian und Lorbeerblätter zugeben. Mit Salz und Pfeffer würzen. Mit Rotwein ablöschen und aufkochen lassen. Den Fond zugießen und das Ganze im Backofen bei 140 °C etwa 1 Stunde garen, dabei das Fleisch mehrmals wenden. Die Schulter ist fertig, wenn man mit einer Fleischgabel hineinsticht und die Gabel sich wieder mit einem leichten Ruck von der Schulter lösen lässt.

Die Schulter aus der Bratreine nehmen und zugedeckt abkühlen lassen. Den Fond aus dem Topf durch ein feines Sieb passieren und damit eine Lammglace (Rezept siehe Seite 261) zubereiten.

Essiggelee

Den Geflügelfond erhitzen und darin die ausgedrückte Gelatine auflösen. Den Essig einrühren. Die Masse etwa 2 cm hoch in eine rechteckige Form füllen und etwa 1 Stunde kalt stellen, bis das Gelee erstarrt ist.

Zum Füllen der Knödel das Gelee aus der Form stürzen und in 2 cm große Würfel schneiden.

Knödel

Die Milch mit der Butter in einem Topf zum Kochen bringen. Den Grieß einrühren und so lange rühren, bis sich ein leichter, weißer Belag am Topfboden bildet. Den Topf vom Herd nehmen und die Masse etwa 10 Minuten quellen lassen. Das Ei einrühren und mit Salz, Pfeffer sowie Muskatnuss würzen.

Den Knödelteig zugedeckt etwa 1,5 Stunden kalt stellen, dann mit einem Eisausstecher abstechen. In die Mitte jeder Teigkugel

Zutaten

Heidschnucke

800 g Heidschnuckenschulter, ausgebeint, gerollt und gebunden
Olivenöl
300 g Schmorgemüse (Schalotte, Karotte, Sellerie, Lauch)
5 Knoblauchzehen
80 g Tomaten, frisch gewürfelt
1 TL Tomatenmark
½ Bund Thymian
3 frische Lorbeerblätter
Salz
Einige weiße Pfefferkörner, zerstoßen
300 ml Rotwein
1 l brauner Lamm- oder Kalbsfond (Rezept siehe Seite 260)

Essiggelee

100 ml kräftiger Geflügelfond (Rezept siehe Seite 262)
3 Blätter Gelatine, in kaltem Wasser eingeweicht
50 ml 13 Jahre alter Aceto balsamico

Knödel

200 g Vollmilch
80 g Butter
90 g Grieß
1 Ei
Salz, Pfeffer aus der Mühle
1 Prise frisch geriebene Muskatnuss
Öl zum Ausbacken
(Rezept für kandierten Knoblauch siehe folgende Seite)

GESCHMORTE HEIDSCHNUCKENSCHULTER MIT ESSIGKNÖDELN*

mit dem Finger ein kleines Loch drücken und einen Würfel Essiggelee hineinstecken. Anschließend das Loch wieder verschließen, die Knödel kugelrund formen und bei 160 °C in reichlich Öl ausbacken.

Kandierter Knoblauch

Den Zucker und das Olivenöl in einer beschichteten Pfanne so lange erhitzen, bis sich dunkles Karamell gebildet hat; dabei mehrmals mit einem Holzlöffel rühren.

Knoblauch, Salz, etwas Pfeffer, Thymian und Lorberblatt zugeben und das Ganze einige Minuten rühren. Zugedeckt bei sehr geringer Hitze 10 Minuten garen. Den Deckel abnehmen und bei sehr starker Hitze den entstandenen Saft einkochen. Dabei die Pfanne ständig schwenken.

Kurz vor dem Servieren die Pfifferlinge so lange in schaumig erhitzter Butter schwenken, bis sie weich sind. Mit etwas Salz und Pfeffer würzen.

Zum Servieren das Fleisch in Scheiben schneiden und in der Lammglace kurz erwärmen. Die Glace auf vorgewärmte Teller geben, eine Scheibe Fleisch darauf legen und mit Pilzen sowie einigen Knoblauchzehen belegen. Eine zweite aufsetzen und das Ganze mit einem Knödel krönen. Mit Knoblauchzehen, Karottenscheibchen und Kräuteröl garnieren.

„Das Schöne an der Beilage ist der Überraschungsmoment – wenn der Essig beim Einschneiden aus dem Knödel rinnt und dem ganzen Gericht eine raffinierte Würze verleiht!"

Kandierter Knoblauch

100 g Zucker
4 EL Olivenöl
20 junge Knoblauchzehen,
von der äußersten Schale befreit
1 Prise Salz
Pfeffer aus der Mühle
1 Sträußchen Thymian
1 Lorbeerblatt

Zum Garnieren

1 gute Handvoll frische kleine Pfifferlinge,
etwas Butter, einige geschmorte Karottenscheiben
und Kräuteröl (Rezept siehe Seite 264)

GEBRATENE AGNOLINI VOM REH AUF HOLUNDERBLÜTEN-SPINAT

GEBRATENE AGNOLINI VOM REH AUF HOLUNDERBLÜTEN-SPINAT*

Zubereitung

Agnolini-Füllung

Die Bratenreste in einer vorgeheizten Pfanne mit etwas Walnussöl und Butter anbraten. Die Schalottenwürfel zugeben und einige Minuten mitbraten. Mit Portwein und Madeira ablöschen. Mit Salz und Pfeffer würzen und das Ganze bei starker Hitze auf ein Drittel einkochen lassen.

100 Milliliter Wildfond und das Wildgewürz hinzufügen und einkochen lassen. Die Rosmarinblättchen abzupfen, hacken und mit dem Aceto Balsamico zum Bratengröstl geben. Wenn die Flüssigkeit vollständig verdampft ist und die Masse einen schönen Glanz hat, vom Herd nehmen und auskühlen lassen.

Kurz vor der Verwendung den Parmesan und die Petersilie unterrühren. Mit Salz und Pfeffer abschmecken.

Agnolini-Teig

Das Mehl, 8 Eigelbe, 4 Esslöffel Olivenöl und 1 Prise Salz mit etwa 150 Milliliter Wasser zu einem glatten Teig verkneten. Den Teig in Klarsichtfolie einwickeln und etwa 2 Stunden im Kühlschrank ruhen lassen.

Den Pastateig mit Hilfe einer Nudelmaschine dünn und möglichst lang und breit ausrollen. Den Teig auf die Arbeitsfläche legen und gleichmäßig mit den restlichen, leicht verquirlten Eigelben bestreichen.

Die Füllung mit einem kleinen Löffel in so ausreichendem Abstand auf die Teigbahn setzen, dass Teigtaschen mit 3 bis 4 cm Kantenlänge ausgeschnitten werden können. Eine weitere Teigbahn darauf legen und vorsichtig mit der Handfläche die Luft zu den Rändern hin ausstreichen. Die Agnolini mit einem Teigrädchen oder einem scharfen Messer ausschneiden.

Zutaten

Agnoli-Füllung

300 g Rehbratenreste, gewürfelt
Walnussöl
Butter
60 g Schalotten, fein gewürfelt
4 cl roter Portwein
4 cl Madeira
Salz, Pfeffer
300 ml brauner Wild- oder Kalbsfond
(Rezept siehe Seite 262 und 260)
1 Msp. gemahlenes Wildgewürz
1 Stängel Rosmarin
1 EL 13 Jahre alter Aceto balsamico
60 g Parmesan, gerieben
2 EL Petersilie, gehackt

Agnolini-Teig

500 g Mehl
10 Eigelbe
Olivenöl
Salz
Butter

Holunderblüten-Spinat

150 g Babyspinat, gewaschen
1 Espressotasse Holunderblüten
Butter
Fleur de Sel (Meersalz-Sorte)
(Rezept für Spinat siehe folgende Seite)

GEBRATENE AGNOLINI VOM REH AUF HOLUNDERBLÜTEN-SPINAT*

Die Agnolini in siedendem, gesalzenem Wasser mit einigen Tropfen Öl 4 Minuten garen. In kaltem Wasser abschrecken und auf Küchenpapier abtropfen lassen. In einer vorgeheizten, beschichteten Pfanne die Agnolini in etwas schaumig erhitzter Butter von beiden Seiten vorsichtig anbraten.

Für eine Sauce den restlichen Wildfond auf die Hälfte einkochen und mit kalter Butter glatt rühren. Mit Salz abschmecken.

Holunderblüten-Spinat

In einer beschichteten Pfanne etwas Butter schaumig werden lassen. Den Spinat und die Holunderblüten zugeben. Mit Salz würzen. Den Spinat zusammenfallen lassen; dabei einige Male vorsichtig wenden. Sofort servieren.

Zum Servieren den Spinat auf vorgewärmten Tellern anrichten. Die Agnolini darauf setzen und den glatten Fond angießen.

„Es muss nicht immer Reh sein! Dieses Gericht kann man auch mit anderen Bratenresten zubereiten."

GEBRATENE AGNOLINI VOM REH AUF HOLUNDERBLÜTEN-SPINAT*

HIRSCH IN FÜNF GEWÜRZEN GEBRATEN MIT DÖRROBST-UDONNUDELN, TANNENSPRÖSSLINGSHONIG UND GEBRANNTEN MANDELN

HIRSCH IN FÜNF GEWÜRZEN GEBRATEN*

Zubereitung

Backofen auf 150 °C vorheizen. Jeweils eine Seite der Hirschmedaillons in das Wildgewürz drücken. Das Fleisch mit dem Rosamrin in einer Pfanne in Erdnussöl rundum braun braten. Herausnehmen, mit Rosmarin und Butterflocken auf ein Backblech legen und 6 Minuten im Ofen rosa garen.

Den Portwein erhitzen und mit dem Dörrobst vermengen. Die Nudeln gemäß Anleitung auf der Packung garen, dann in etwas heißer Butter schwenken. Dörrobst und Tannensprösslingshonig zugeben. Mit Salz und Pfeffer abschmecken.

Die Nudeln auf vorgewärmten Tellern verteilen. Die Medaillons auf die Nudeln legen, mit heißer Kalbsglace und aufgeschäumter Geflügelgrundsauce anrichten. Gebrannte Mandeln anlegen.

Gebrannte Mandeln

Den Zucker mit 3 Esslöffeln Wasser auf 120 °C erhitzen. Die Mandeln zugeben und rühren, bis sich die Zuckerkristalle um die Mandeln gelegt haben. Die Mandeln zum Auskühlen auf der Arbeitsfläche oder Backpapier ausbreiten.

Wildgewürz

Alle Zutaten in eine trockene Pfanne geben, rösten und dann im Mörser zerstoßen.

Tannensprösslingshonig

Die Sprösslinge mit 2 Tassen Wasser aufkochen und den Honig einrühren. 10 Minuten köcheln lassen. Den Tannensprösslingshonig in ein Einweckglas füllen. Kühl und trocken aufbewahren.

TIPP: Die Tannensprösslinge im Frühjahr sammeln, wenn sie sprießen. Sprösslinge von Fichten sind sehr geeignet, da sie einen höheren Harzanteil als die von Weißtannen haben.

Zutaten

4 Hirschmedaillons, à 100 g
2 EL Wildgewürz (siehe unten)
Erdnussöl
1 Stängel Rosmarin
2 EL weißer Portwein
50 g gemischtes Dörrobst (Datteln, Feigen, gelbe Rosinen, Aprikosen), klein gewürfelt
1 Päckchen Udonnudeln (im Asialaden erhältlich)
1 EL Tannensprösslingshonig (siehe unten)
Butter
Salz, Pfeffer aus der Mühle
100 ml Kalbsglace (Rezept siehe Seite 261)
Etwas Geflügelgrundsauce (Rezept siehe Seite 264)

Gebrannte Mandeln

½ Handvoll Zucker
1 Handvoll Mandeln

Wildgewürz

1 gestrichener EL Koriander
½ gestrichener EL Piment
24 Wacholderbeeren
30 schwarze Pfefferkörner
1 gestrichener TL Kreuzkümmel

Tannensprösslingshonig

2 Tassen Tannensprösslinge
2 Tassen Tannenhonig
2 Tassen Wasser

REHRÜCKEN IM KNUSPRIGEN TRAMEZZINI-MANTEL AUF GEBRATENEM SPARGEL

REHRÜCKEN IM KNUSPRIGEN TRAMEZZINIMANTEL*

Zubereitung

Geflügelfarce

Das Hühnerbrustfilet in feine Würfel schneiden und mit der Sahne, dem Madeira, 1 Prise Salz und Pfeffer in der Küchenmaschine zu einer Farce verarbeiten. Kühl stellen. Damit die Farce gut gelingt, muss die Zubereitung rasch vonstatten gehen; die Zutaten müssen dabei gut gekühlt sein und die Farce muss kalt bleiben.

Rehrücken und Spargel

Den Rehrücken in vier Teile portionieren, mit Wildgewürz und Salz würzen und in heißem Erdnussöl von allen Seiten kurz anbraten. Auf einem Küchenpapier ablegen.

Das Brot (Tramezzini) mit einer Aufschnittmaschine auf der flachen Seite halbieren, sodass man vier dünne, große Scheiben erhält. Die Scheiben auf Klarsichtfolie legen (so haben sie einen besseren Halt) und gleichmäßig etwa 2 mm dünn mit der Geflügelfarce bestreichen. Je eine Portion Rehrücken darauf setzen und vorsichtig einrollen. Die Folie entfernen und die Rollen in ausreichend Erdnussöl anbraten. Aus der Pfanne nehmen und auf einem Gitter abtropfen lassen, anschließend im Backofen bei 170 °C etwa 6 Minuten garen. Herausnehmen, 1 Minute ruhen lassen und mit einem elektrischen Messer aufschneiden.

Den Spargel schälen und in feine Streifen schneiden. In etwas Olivenöl anbraten und leicht mit Puderzucker bestäuben. Mit Salz und Pfeffer würzen. Mit Aceto balsamico ablöschen, kurz schwenken und den Kerbel zugeben.

Zum Servieren den Spargel auf vorgewärmten Teller anrichten und jeweils zwei Rehrückenrollen darauf setzen. Mit etwas Rehglace umgießen.

Zutaten

Geflügelfarce

100 g Hühnerbrust, sauber pariert
70 ml Sahne
2 EL Madeira, stark reduziert
Salz
Pfeffer aus der Mühle

Rehrücken und Spargel

500 g Rehrückenfilet, Fett und Sehnen entfernt
1 TL selbst gemachtes Wildgewürz
(Rezept siehe Seite 93)
Salz
2 Tramezzini oder 4 Scheiben Toastbrot
Erdnussöl
250 g weißer Spargel
Olivenöl
Puderzucker
Pfeffer aus der Mühle
1 EL weißer Aceto balsamico
1 EL Kerbel, fein geschnitten

Zum Servieren

100 ml Rehglace (wird wie Kalbsglace hergestellt
– Rezept siehe Seite 261 –,
wobei statt des braunen Kalbsfonds
Wildfond – Rezept siehe Seite 262 – verwendet wird)

REHRÜCKEN IM KNUSPRIGEN TRAMEZZINIMANTEL*

„Der Ansatz von Suppen und Saucen verlangt volle Konzentration, Leidenschaft und Hingabe. Was bei den ersten Schritten versäumt wird, kann später kaum ausgebessert werden."

REHRÜCKEN AUF APRIKOSEN-SELLERIE UND GÄNSELEBER-BLUTWURST-TOPINKI

REHRÜCKEN AUF APRIKOSEN-SELLERIE*

Zubereitung

Aprikosen-Sellerie

Die Aprikosen in kleine Würfel schneiden und mit dem Süßwein in ein Schüsselchen geben. Mindestens eine Nacht lang zugedeckt marinieren.

Den Knollensellerie in kleine Würfel schneiden und in gesalzenem Wasser blanchieren. Beiseite stellen.

Kurz vor dem Servieren Aprikosen und Sellerie in schaumig erhitzter Butter schwenken. Mit Salz und Pfeffer abschmecken.

Rehrücken und Topinki

Den Rehrücken mit Wildgewürz würzen und rundum in etwas Erdnussöl anbraten. Mit dem Rosmarin und etwas Butter in eine feuerfeste Form geben. Im Backofen bei 160 °C etwa 5 Minuten rosa garen. Herausnehmen, 2 Minuten ruhen lassen, dann in Scheiben schneiden.

Das Brot toasten und leicht mit Knoblauch einreiben.

Kurz vor dem Servieren die kalte Leber mit Salz, Pfeffer und Thymian würzen. Die Brotscheiben anschließend mit Leber und Blutwurst belegen.

Zum Servieren Aprikosen-Sellerie, Rehrücken und Brot auf vorgewärmten Tellern anrichten. Etwas Rehglace um das Gericht ziehen. Mit Kräuterblättchen garnieren.

„Ein gutes Gericht zeichnet sich durch vollendete Harmonie aus – auch wenn die Zutaten auf den ersten Blick ungewöhnlich wirken mögen."

Zutaten

Aprikosen-Sellerie

80 g gertrocknete Aprikosen
3 cl weißer Süßwein
200 g Knollensellerie, geschält
Salz
Butter
Pfeffer aus der Mühle

Rehrücken und Topinki

500 g Rehrücken, ohne Fett und Sehnen
1 TL selbst gemachtes Wildgewürz
(Rezept siehe Seite 93)
Erdnussöl
1 Stängel Rosmarin
Butter
4 Scheiben Bauernbrot
1 Knoblauchzehe
4 Scheiben Gänsemastleber
Fleur de Sel (Meersalz-Sorte)
Pfeffer aus der Mühle
Thymianblätter, fein geschnitten
4 Scheiben Blutwurst

Zum Servieren und Garnieren

100 ml Rehglace
(siehe Anmerkung Seite 95)
Einige frische Thymian- und Rosmarinblättchen

POCHIERTER LAMMRÜCKEN UND TORTELLINI MIT ROSA LINSENJUS

POCHIERTER LAMMRÜCKEN UND TORTELLINI MIT ROSA LINSENJUS*

Zubereitung

Tortellini-Füllung

Die Bratenreste in einer vorgeheizten Pfanne mit etwas Walnussöl und Butter anbraten. Schalottenwürfel einige Minuten mitbraten. Mit Portwein und Madeira ablöschen. Mit Salz und Pfeffer würzen und das Ganze bei starker Hitze auf ein Drittel einkochen lassen.

Den Kalbsfond und den Knoblauch hinzufügen und gut einkochen lassen. Die Estragonblättchen abzupfen und mit dem Aceto balsamico zum Bratengröstl geben. Wenn die Flüssigkeit vollständig verdampft ist, den Topf vom Herd nehmen und die Füllung auskühlen lassen.

Kurz vor der Verwendung den Parmesan und die Petersilie unterrühren. Mit Salz und Pfeffer abschmecken.

Tortellini-Teig

Mehl, Eigelbe, Olivenöl, Salz mit 75 Milliliter Wasser zu einem glatten Teig verkneten. Den Teig in Klarsichtfolie einwickeln und etwa 2 Stunden im Kühlschrank ruhen lassen.

Den Pastateig in der Nudelmaschine dünn, lang und breit ausrollen. Runde Teigscheiben mit einem Durchmesser von 8 cm ausstechen und mit 2 verquirlten Eigelben bestreichen. Einen Löffel Füllung auf jede Teigscheibe setzen.

Die Teigscheiben in der Mitte falten, über die Füllung klappen und die Ränder sorgfältig zusammendrücken. Jede Teigtasche einmal um den Finger wickeln, die Enden kreuzen und den Teigrand nach hinten umschlagen. Die Tortellini in siedendem Salzwasser etwa 4 Minuten garen. Abtropfen lassen.

Zutaten

Tortellini-Füllung

200 g Lammbratenreste, gewürfelt
Walnussöl, Butter
60 g Schalotten, fein gewürfelt
4 cl roter Portwein
4 cl Madeira
Salz, Pfeffer
100 ml brauner Kalbsfond (Rezept siehe Seite 260)
¼ Knoblauchzehe, fein gehackt
1 Stängel Estragon
1 EL 13 Jahre alter Aceto balsamico
60 g Parmesan, gerieben
2 EL Petersilie, gehackt

Tortellini-Teig

250 g Mehl
6 Eigelbe, 2 Eigelbe zum Bestreichen
2 EL Olivenöl, 1 Prise Salz

Linsenjus und Lammrücken

400 ml Lammconsommé (Rezept siehe Seite 15)
60 g rosa Linsen, kalt abgespült
1 Sträußchen Thymian
400 g Lammrücken, Fett und Sehnen entfernt
Butter
40 g Pfifferlinge, in feine Scheiben geschnitten
Fleur de Sel (Meersalz-Sorte), Pfeffer aus der Mühle
(Zubereitung siehe folgende Seite)

Zum Garnieren

Lammglace (Rezept siehe Seite 261), Dörrtomaten

POCHIERTER LAMMRÜCKEN UND TORTELLINI MIT ROSA LINSENJUS*

Lammjus und Lammrücken

Die Lammconsommé aufkochen, Linsen und Thymian zugeben und 10 Minuten bei geringer Hitze ziehen lassen.

Den Lammrücken in schaumig erhitzter Butter kurz anbraten, so dass die Poren sich schließen. Herausnehmen, trocken tupfen, in den Linsenjus legen und 15 Minuten bei ca. 85 °C ziehen lassen.

Den Lammrücken herausnehmen. Den Jus bei mittlerer Hitze auf die Hälfte einkochen und mit 1 Esslöffel kalter Butter binden. Die Pfifferlinge zugeben. Durchrühren und mit Salz sowie Pfeffer abschmecken. Vom Herd nehmen.

Die Tortellini auf vorgewärmten Tellern anrichten und mit Linsenjus übergießen. Den Lammrücken der Länge nach sehr dünn aufschneiden und auf die Teller verteilen. Einen Faden konzentrierter Lammglace um das Gericht geben. Mit Dörrtomaten garnieren.

WIRSINGROULADE „WIE VON VATI“ MIT GEBACKENEN KARTOFFELSCHALEN

WIRSINGROULADE „WIE VON VATI“ MIT GEBACKENEN KARTOFFELSCHALEN*

Zubereitung

Die Zwiebeln in etwas Butter hellbraun andünsten. Die Petersilie ganz kurz mitdünsten und das Ganze etwas abkühlen lassen. Das Kalb- und Schweinefleisch mit den Zwiebeln durch den Fleischwolf drehen. Das Weißbrot zerkleinern, mit der Milch begießen und quellen lassen, bis es weich ist. Das Hackfleisch mit dem Brot und den Eiern vermengen. Mit Salz, Pfeffer, Muskatnuss, Majoran und Senf pikant würzen.

Die Wirsingblätter vom Strunk ablösen und in kochendem Salzwasser blanchieren. Kalt abschrecken und gut abtropfen lassen. Die dicken Mittelrippen im unteren Bereich der Blätter ausschneiden. Nacheinander jeweils ein Wirsingblatt in eine kleine Saucenkelle legen, mit Hackfleischteig füllen und ein Blattteil darüber legen. Das Ganze in die Handfläche stürzen und vorsichtig so formen, dass eine Kugel entsteht. Mit einer Scheibe Bauchspeck umwickeln. Die Wirsingrouladen in eine feuerfeste Form setzen, den Kalbsfond zugießen und bei 150 °C im Backofen 30 Minuten garen.

Die Kartoffeln mit einem kleinen Messer großzügig schälen. Die Schalen gut trockentupfen und bei 160 °C in reichlich Öl ausbacken. Auf Küchenpapier abtropfen lassen.

Zum Servieren auf vorgewärmten Tellern je eine Roulade auf ein Wirsingblattbett setzen. Kartoffeln hinzufügen und Kalbsglace angießen. Mit Kräuterblättchen und (nach Belieben) mit Bauchspeckstreifen garnieren.

Zutaten

100 g Zwiebeln, in kurze, feine Streifen geschnitten
Butter
1 Bund Petersilie, gehackt
150 g Kalbfleisch, ohne Sehnen, grob gewürfelt
250 g Schweinefleisch, ohne Sehnen, grob gewürfelt
100 g Weißbrot oder Semmeln vom Vortag
125 ml lauwarme Milch
2 Eier
Salz, weißer Pfeffer aus der Mühle
Frisch geriebene Muskatnuss
1 Prise Majoran
1 Msp. mittelscharfer Senf
1 Kopf Wirsing
12 dünnen Scheiben mild geräucherter Bauchspeck
300 ml brauner Kalbsfond (Rezept siehe Seite 260)
8–12 große Kartoffeln, am Vortag unter fließendem Wasser abgebürstet und in kaltes Wasser gelegt
Öl zum Frittieren

Zum Servieren und Garnieren

200 ml Kalbsglace (Rezept siehe Seite 261)
einige frische Kräuterblättchen

KALBSFILET IN RÜBENKRAUT GLACIERT UND HÜHNERWURST MIT VEILCHENSENF AUF STIELMUS UND VANILLE-GRAUPEN

Zubereitung

Kalbsfilet

Das Kalbsfilet in Erdnussöl rundum anbraten, auf ein Backblech setzen, mit Salz sowie Pfeffer würzen und mit dem Rübenkraut bestreichen. Im vorgeheizten Backofen bei 85 °C Umluft etwa 25 Minuten garen. Vor dem Aufschneiden etwas ruhen lassen.

TIPP: Damit das Kalbsfilet schön saftig und zart wird, sollte man zwischendurch mit einem Bratenthermometer prüfen, ob es gar ist. Die Kerntemperatur sollte 55 °C betragen.

Hühnerwurst

Zwiebelwürfel in etwas Butter andünsten. Das Hühnerfleisch mit dem Pancetta durch den Fleischwolf drehen. Das Hackfleisch mit den Zwiebeln, Salz, Pfeffer und Senf in eine Schüssel geben und gut vermengen. Die Masse sollte so kalt wie möglich verarbeitet werden, sonst bindet der Wurstteig schlecht.

Die Därme gründlich auswaschen und durch die fast geschlossene Hand ziehen, um das Wasser auszupressen. Zum Füllen einen Darm über einen Trichter stülpen und den Wursteig mit Hilfe eines Spritzsackes durch den Trichter in den Darm drücken. Zwischen den Würsten etwa 8 cm Platz lassen, dort durchschneiden und die Enden der Würste zusammenknoten.

Die Würste in einer vorgeheizten Pfanne mit Erdnussöl ausbraten. Sie sind gar, wenn sie sich fest anfühlen. Sofort anrichten.

Zutaten

Kalbsfilet

1 Kalbsfilet, ohne Fett und Sehnen
Erdnussöl
Salz
Pfeffer aus der Mühle
1 EL Rübenkraut

Hühnerwurst

100 g weiße Zwiebeln, gewürfelt
Butter
450 g Hühnerfleisch mit Fett, Sehnen entfernt
40 g Pancetta (italienischer Bauchspeck)
10 g Meersalz
Schwarzer Pfeffer aus der Mühle
1 TL Veilchensenf
6–7 Naturdärme mit 22–24 mm Durchmesser (Wienerwürstchendarm)
Erdnussöl

(Rezept für Stielmus und Vanille-Graupen siehe folgende Seiten)

KALBSFILET IN RÜBENKRAUT GLACIERT*

KALBSFILET IN RÜBENKRAUT GLACIERT*

Vanille-Graupen

Schalotten in schaumig erhitzter Butter glasig dünsten. Die Graupen zugeben und kurz anschwitzen. Mit Weißwein ablöschen und einkochen lassen, bis die Flüssigkeit vollständig verdampft ist. Nach und nach den Geflügelfond zugießen. Die Graupen sollten immer von Fond bedeckt sein. 20 Minuten garen; dabei immer wieder umrühren. Mit Salz, Pfeffer und Vanillemark abschmecken. Zum Schluss die Sahne zugeben.

Stielmus

Den Stielmus in 5 mm lange Stücke schneiden und in etwas schaumig erhitzter Butter anschwitzen. Mit dem Geflügelfond ablöschen. Mit Salz, Pfeffer und Muskatnuss würzen und das Ganze einige Minuten garen. Der Stielmus sollte eine halbflüssige Konsistenz haben, so dient er gleichzeitig als Sauce und Gemüsebeilage.

Zum Servieren das Kalbsfilet in 6 oder 7 gleich große Stücke schneiden, auf den Graupen anrichten und je eine Hühnerwurst obenauf setzen. Mit frischen Stielmusblättchen garnieren.

INFO: Stielmus ist, wie sein botanischer Name „Brassica rapa var. rapa" besagt, ein Blattstiel-Kohlgemüse, das mit einigen regionalen Namen aufwarten kann. Man nennt es auch Rübstiel, Stängelmus, Streifrübe oder im Ruhrgebiet Ströppmus. Es handelt sich dabei um die Blätter der Mai- oder Herbstrübe, die sich je nach Sorte in der Form und farblichen Ausprägung des Grüns unterscheiden.

TIPP: Roh und fein geschnitten kann Stielmus grünen Blattsalaten beigefügt werden, gedünstet schmeckt das Kraut als Beilage zu Fleisch ausgezeichnet.

Vanille-Graupen

30 g Schalotten, gewürfelt
Etwas Butter
100 g Gerstengraupen, gewaschen und abgetropft
3–4 EL Weißwein
400 ml Geflügelfond (Rezept siehe Seite 262)
Salz, Pfeffer
Mark von ¼ Vanilleschote
100 ml Sahne

Stielmus

150 g Stielmus, von den dunklen Blättern befreit
Etwas Butter
200 ml kräftiger Geflügelfond
Salz, Pfeffer, Muskatnuss

IN PIMENT GESCHMORTES KALBSBRIES MIT VANILLE, KAPERN, FRISÉE UND BUTTER-STUTEN-PFIFFERLINGSPOVESE

Zubereitung

Das Kalbsbries in Mehl wenden und gut abklopfen. In einer Pfanne in etwas Erdnussöl von allen Seiten goldbraun anbraten. Herausnehmen. Das Röstgemüse zugeben und braun anrösten. Anschließend das Kalbsbries mit dem abgekühlten Röstgemüse, Thymiansträußchen, Lorbeerblatt, Zimtstange, Piment und Geflügelfond in einen Vakuumbeutel geben und vakuumieren (oder von Ihrem Metzger einschweißen lassen). Den Beutel mit dem Kalbsbries anschließend im Dampfgarer oder in 85 °C heißem Wasser 25 Minuten lang pochieren. Zum Auskühlen in kaltes Wasser legen.

Das Kalbsbries aus dem Beutel nehmen und mit Küchenpapier abtupfen. In vier Stücke schneiden, salzen, einmehlen und in einer Pfanne in schäumender Butter anbraten. Die Butter abschütten. Zum Ablöschen den Madeira und 4 Esslöffel Kalbsglace hinzufügen. Mehrmals schwenken und die Flüssigkeit vollständig einkochen lassen; dann nochmals schwenken.

Für die Povesen, Pfifferlinge und Schalotten in Butter anbraten. Auf Küchenpapier auskühlen lassen. Pfifferlinge, Petersilie und Eigelb unter den Grießknödelteig mengen. Die Masse auf die Brotscheiben schmieren und diese zusammenklappen. Die Povesen in schäumender Butter anbraten und 5 Minuten bei 130 °C in den vorgeheizten Backofen geben. Auf Küchenpapier Fett abtropfen lassen. Die Povesen ausstechen oder mit dem elektrischen Messer aufschneiden.

Den Frisée mit Vanillemark in Butter anschwitzen. Kapern zugeben und kurz schwenken. Mit Salz und Honig abschmecken.

Zum Servieren Kalbsglace aufkochen und mit Butter binden. Geflügelgrundsauce aufkochen, Thymian zugeben und aufschäumen. Das Gericht auf vorgewärmten Tellern anrichten.

Zutaten

400 g gewässertes Kalbsbries, äußere Häute entfernt
Instantmehl
Erdnussöl
150 g Röstgemüse (Lauch, Sellerie, Karotte)
1 Sträußchen Thymian
1 Lorbeerblatt
1 Zimtstange
15 Pimentkörner oder Nelkenpfeffer, grob zerdrückt
100 ml kalter Geflügel- oder Kalbsfond
(Rezept siehe Seite 262 und 260)
Fleur de Sel (Meersalz-Sorte)
Butter
4 cl Madeira
150 ml Kalbsglace (Rezept Seite 261)
80 g Pfifferlinge, geputzt und in Würfel geschnitten
1 EL Schalotte, fein gewürfelt
1 EL Blattpetersilie, fein gehackt
1 Eigelb
120 g Grießknödelteig (Rezept siehe
„Heidenschnuckenschulter", Seite 84)
3 Scheiben Butterstuten oder Milchbrot
80 g Frisée, geputzt und gewaschen
Mark von einer ¼ Vanilleschote
40 g Kapern
Etwas Honig
Geflügelgrundsauce (Rezept siehe Seite 264)
1 EL frische Thymianblätter

IN PIMENT GESCHMORTES KALBSBRIES*

TAFELSPITZ VOM MILCHKALB IM KAKAO GEBRATEN AUF RHABARBER-SCHALOTTEN UND SCHWARZER GRIESSPRALINE

TAFELSPITZ VOM MILCHKALB IM KAKAO GEBRATEN*

Zubereitung

In einer Pfanne den braunen Zucker mit dem Walnussöl zu Karamell erhitzen. Schalotten, Sternanis sowie Koriander zugeben. Mit Salz und Pfeffer würzen. Einen Deckel auflegen und das Ganze etwa 10 Minuten dünsten.

In der Zwischenzeit den Kalbstafelspitz mit Salz und Pfeffer würzen und in einer Pfanne in ein wenig Olivenöl rundum anbraten. Das Fleisch im Kakaopulver wenden und bei 85 °C im Umluftofen auf dem Rost etwa 60 Minuten garen. Die Kerntemperatur sollte 58 °C erreicht haben. Den Tafelspitz aus dem Ofen nehmen, 5 Minuten ruhen lassen, dann in dünne Scheiben schneiden.

Während der Tafelspitz im Ofen ist, für die Grießpralinen den Knödelteig zu kleinen Kugeln formen und diese in siedendem, gesalzenem Wasser 8 Minuten pochieren. Abtropfen lassen. Die Pralinen in Trompetenpilzpulver wälzen, bis sie gleichmäßig überzogen sind.

Zu Guter Letzt den Rhabarber zu den Schalotten geben und das Ganze 2 bis 3 Minuten schwenken. Den entstandenen Saft bei starker Hitze vollständig einkochen lassen. Etwas Butter unterschwenken. Mit Salz und Pfeffer abschmecken.

Kurz vor dem Servieren die Kalbsglace erhitzen.

Zum Servieren die Rhabarber-Schalotten auf vorgewärmte Teller geben und den Tafelspitz darauf anrichten. Grießpralinen hinzufügen und etwas Kalbsglace angießen. Jeweils 1 Teelöffel Balsamicoreduktion um das Gericht träufeln.

Zutaten

2 EL Walnussöl
6 große Schalotten
1 Sternanis
2 Korianderkörner, zerstoßen
Salz
Pfeffer aus der Mühle
1 Stück Kalbstafelspitz, etwa 350 g
Olivenöl
1 EL Kakaopulver 100 %
2 Stangen Rhabarber, in kurze Stücke geschnitten
Etwas Butter
120 g Grießknödelteig (Rezept siehe „Heidenschnuckenschulter“, Seite 84)
2 EL Trompetenpilze, getrocknet und gemahlen
120 ml Kalbsglace (Rezept siehe Seite 261)
4 TL Balsamicoreduktion (Rezept siehe Seite 265)

JAKOBSMUSCHEL-KALBSKOPFSCHNITZEL-SCHASCHLIK AUF PIMENTOGRAUPENRISOTTO

Zubereitung

Die Kalbskopfmaske gründlich abspülen, die Zunge abtrennen und beides mit Bouquet garni, Zwiebel und etwas Salz in einem Topf mit reichlich Wasser etwa 1,5 Stunden bei mittlerer Hitze zugedeckt weich kochen; dabei mehrmals den Schaum abschöpfen. Fertig Gegartes herausnehmen (die Zunge beziehungsweise die Maske während des Kochens mit einer Fleischgabel prüfen, da sie unterschiedliche Garzeiten haben).

Zunge und Maske in lauwarmem Wasser abkühlen und von weißem Fett befreien. (Nicht kalt werden lassen, zum Weiterverarbeiten muss das Fleisch noch warm sein!) Die Haut der Zunge abziehen. Masken- sowie Zungenfleisch in grobe Würfel schneiden und mit Salz und Pfeffer würzen. Die Fleischwürfel in eine Form pressen und beschweren. Über Nacht kalt stellen.

Das durchgekühlte Fleisch aus der Form stürzen, in Scheiben schneiden und in der Größe des Jakobsmuschelfleisches ausstechen. Mit Mehl, Ei und Mie de pain panieren. Kalt stellen.

Die Paprikaschoten im Backofen schmoren, enthäuten und in Rauten schneiden. Mit Öl und Salz marinieren. Warm stellen.

Graupenrisotto

In einer Stielkasserolle die Schalotten in Olivenöl farblos anschwitzen. Die Graupen zugeben und gut anschwitzen. Mit Weißwein und Martini ablöschen. 2 Minuten köcheln lassen.

Zutaten

½ Kalbskopfmaske mit Zunge
1 großes Bouquet garni (Lauch, Thymian, Lorbeer, Stangensellerie)
1 Zwiebel
Fleur de Sel (Meersalz-Sorte), Pfeffer aus der Mühle
Mehl, Ei, Mie de pain (geriebenes entrindetes Weißbrot)
1 rote und 1 gelbe Paprikaschote, entkernt
Olivenöl
Jakobsmuscheln, Schale, Korail und Muskel entfernt
Butter

Zum Servieren: 100 ml Fischsauce, Balsamicoreduktion, Kräuteröl (Rezepte siehe Seite 263, 265, 264)

Graupenrisotto

2 Schalotten, fein gewürfelt
Olivenöl
100 g Perlgraupen
60 ml Weißwein, 30 ml Martini Extra Dry
1 Sträußchen Thymian, 1 Lorbeerblatt
250 ml Geflügelfond (Rezept siehe Seite 262)
Fleur de Sel
2 rote Paprikaschoten
Pfeffer aus der Mühle, Butter
20–30 g Peccorino oder Parmesan, frisch gerieben

JAKOBSMUSCHEL-KALBSKOPFSCHNITZEL-SCHASCHLIK*

JAKOBSMUSCHEL-KALBSKOPFSCHNITZEL-SCHASCHLIK*

Thymian und Lorbeerblatt zugeben und mit Geflügelfond auffüllen. Mit etwas Salz würzen und das Ganze etwa 25 Minuten köcheln lassen, dabei ab und zu umrühren. Sollte das Risotto zu sehr eindicken, mit Wasser angießen.

In der Zwischenzeit die roten Paprikaschoten durch eine Zentrifuge entsaften. Nur den Schaum, der sich an der Oberfläche absetzt, weiterverwenden.

Kurz vor dem Ende der Garzeit den Risotto mit Salz und Pfeffer abschmecken. Mit Butter, Peccorini oder Parmesan und dem Paprikaschaum verfeinern. Die Kalbskopfschnitzel kurz vor dem Servieren in einer beschichteten Pfanne in schäumender Butter ausbacken.

Das Jakobsmuschelfleisch in einer beschichteten Pfanne mit wenig Olivenöl grillen (beide Seiten sollten goldgelb gebräunt sein). Mit Salz und Pfeffer würzen.

Die Jakobsmuscheln mit den Kalbskopfschnitzeln und den Paprikarauten abwechselnd auf Holzspieße stecken.

Anschließend die Fischsauce aufkochen und aufschäumen.

Den Risitto zum Servieren auf vorgewärmten Tellern anrichten. Den Schaschlikspieß obenauf legen. Den Fischschaum um den Risotto geben. Zum Garnieren und Verfeinern je nach Geschmack noch etwas Kräuteröl und Balsamicoreduktion um das Gericht ziehen.

RINDERBACKE AUF SAUTIERTEN PILZEN UND LAUCH*

RINDERBACKE AUF SAUTIERTEN PILZEN UND LAUCH

Zubereitung

Rinderbacke

Die Rinderbacken vom groben Fett befreien. Zwiebel, Karotte und Sellerie putzen und in haselnussgroße Würfel schneiden.

Die Rinderbacken salzen und in einem vorgeheizten Schmortopf rundum braun anbraten. Die Gemüsewürfel hinzufügen und kurze Zeit mitrösten. Mit etwa einem Drittel des Rotweins ablöschen und reduzieren. Anschließend ein weiteres Drittel Rotwein zugießen und erneut reduzieren.

Den Backofen auf 160 °C vorheizen. Lauch, Knoblauch, Thymian, Lorbeerblätter, die zerstoßenen Gewürze sowie das Tomatenmark zu den Rinderbacken geben und kurz glacieren. Anschließend mit dem restlichen Rotwein sowie dem Madeira ablöschen. Mit Kalbsfond auffüllen, sodass das Fleisch mindestens halb bedeckt ist.

Die Rinderbacken zugedeckt im Backofen etwa 2 Stunden garen, dabei mehrmals und mit dem Bratenfond übergießen. Gegen Ende der Garzeit mit Hilfe einer Fleischgabel prüfen, ob das Fleisch weich geschmort ist. Fällt die angehobene Rinderbacke mit einem leichten Ruck von der Gabel, ist sie fertig. Die Rinderbacken aus der Sauce nehmen, auskühlen lassen und kalt stellen.

Zutaten

Rinderbacke

1 kg Rinderbacken

150 g Röstgemüse (Zwiebel, Karotte, Sellerie)

Salz, Erdnussöl

500 ml Rotwein

1 kleines Stück Lauch, zerkleinert

1 Knoblauchzehe, angedrückt

2 Sträußchen Thymian

2 Lorbeerblätter

Zerstoßene Gewürze: 5 Pimentkörner, 10 weiße Pfefferkörner, 2 Wacholderbeeren

1 TL Tomatenmark

2 cl Madeira

2 l brauner Kalbsfond (Rezept siehe Seite 260)

(Rezept für Lauch und Pilze siehe folgende Seiten)

Die Sauce durch ein sehr feines Sieb in einen anderen Topf passieren und bei mittlerer Hitze bis auf etwa ein Drittel einkochen lassen; dabei mehrmals das an der Oberfläche schwimmende Fett und den Schaum sorgfältig abschöpfen. Die Sauce mit Salz abschmecken und warm halten.

Die ausgekühlten Rinderbacken auf einer Aufschnittmaschine in 4 mm dünne Scheiben schneiden. Beiseite legen.

Pilzfarce

Die Pilze putzen und zwei Drittel der Menge in 4 mm große Würfel schneiden. Die restlichen Pilze für die Beilage in feine Scheiben schneiden und beiseite legen.

Die Pilzwürfel in einer vorgeheizten beschichteten Pfanne mit etwas Erdnussöl und den Schalottenwürfeln 3 bis 4 Minuten braten. Petersilie sowie Thymian zugeben und die Mischung noch ein paar Mal schwenken. Mit Salz und Pfeffer würzen. Das Ganze in eine Schüssel geben und abkühlen lassen.

In der Zwischenzeit das Hühnerbrustfilet und die Gänseleber in feine Würfel schneiden und mit der Sahne, dem Kalbsfond, einer Prise Salz und etwas Pfeffer in einem Universalzerkleinerer zu einer homogenen Farce verarbeiten. (Wichtig für eine gute Farce ist, dass der Arbeitsgang schnell geht, die Zutaten gut gekühlt sind und die Masse kalt bleibt.)

Von der Farce etwa 2 gut gehäufte Esslöffel voll abnehmen, in ein Schüsselchen geben und beiseite stellen. Die restliche Farce mit den abgekühlten Pilzwürfeln vermengen. Mit Salz, Pfeffer und Trüffelöl abschmecken. Die Farce gleichmäßig auf die Rinderbackenscheiben verteilen und glatt verstreichen.

Zum Portionieren jeweils 4 bis 5 der bestrichenen Rinderbacken-Scheiben aufeinander setzen. Pro Portion ein Blatt Brikteig ausbreiten und mit der Farce ohne Pilze hauchdünn bestreichen. Die aufgeschichteten Backenscheiben darauf setzen und einschlagen. Überflüssigen Teig abschneiden.

Die Rinderbacken-Päckchen in einer vorgeheizten Pfanne in Erdnussöl rundum knusprig braun braten. Herausnehmen, auf ein Ofengitter setzen und bei 170 °C Umluft 10 Minuten garen.

Für die Gemüsebeilage in einer beschichteten Pfanne bei starker Hitze etwa 3 Esslöffel Butter schaumig werden lassen. Den Lauch mit den in Scheiben geschnittenen Pilzen hinzufügen und 2 bis 3 Minuten anschwitzen, dabei rühren und schwenken. Mit Salz und Pfeffer abschmecken.

Zum Servieren die Rinderbacken mit einem elektrischen Messer in daumendicke Scheiben schneiden und auf dem Pilz-Lauch-Gemüse anrichten. Etwas Sauce zugeben.

INFO: Brikteig (auch Brickteig) verdankt seinen Namen der tunesischen Nationalspeise „Brik“, gefüllten Teigtaschen, die aus hauchdünnen Teigblättern hergestellt werden. Diese Teigblätter sind vergleichbar mit Filo- und Yufkateig, die man auch für dieses Gericht verwenden kann. Alle drei Teigarten (die sich in der Rezeptur nur leicht unterscheiden) findet man frisch (eingeschweißt) oder tiefgekühlt in gut sortierten Supermärkten beziehungsweise in griechischen Lebensmittelläden.

„Rinderbacken sind heutzutage wieder sehr gefragt. Gut so, denn ich liebe Schmorgerichte. Da steckt Power drin – und überhaupt: Was passt besser zu einem Glas Rotwein?“

Pilzfarce, Pilze und Lauch

300 g gemischte frische Pilze
Erdnussöl
2 EL Schalotten, fein gewürfelt
3 EL Petersilie, gehackt
1 TL Thymian, gehackt
Salz
Pfeffer aus der Mühle
200 g Hühnerbrust, sauber pariert
80 g Gänsemastleber
150 ml Sahne
2 EL Kalbsconsommé, stark reduziert
(Rezept siehe Seite 260)
Einige Tropfen Trüffelöl
1 Packung Brik-Teig (in orientalischen Lebensmittelgeschäften erhältlich, siehe auch Info)
Etwas Butter
1 Stange Lauch, geputzt und in kurze Stücke geschnitten

RINDSROULADE MIT PORTWEINZWIEBELN, MEERSALZKARTOFFELN UND CASHEW-CREMOLATA

RINDSROULADE MIT PORTWEINZWIEBELN*

Zubereitung

Rindsroulade

Die Zwiebel in feine Streifen schneiden und in etwas Olivenöl goldbraun anrösten. Mit Salz würzen und beiseite stellen.

Das Rouladenfleisch ausbreiten, trockentupfen und mit Salz sowie Pfeffer würzen. Jeweils eine Seite mit Senf bestreichen. Speck, Röstzwiebeln und (quer) 2 Gurkenviertel darauf legen. Das Fleisch aufrollen und mit Holzspießen fixieren. Etwas Olivenöl in einer Pfanne erhitzen und die Rouladen rundum dunkelbraun anbraten.

Die Zwiebel, Karotte und den Sellerie würfeln. Den Lauch zerkleinern und beiseite legen. Die Gemüsewürfel in einem großen, flachen Topf in etwas Öl anbraten. Das Tomatenmark mit dem Zucker unterrühren und ebenfalls kurz anbraten. Ein Drittel des Rotweins zugießen und vollständig einkochen lassen. Anschließend ein weiteres Drittel Wein zugeben und ebenfalls reduzieren.

Die Rouladen auf das Gemüse setzen. Mit dem restlichen Rotwein und dem Kalbsfond auffüllen. Lauch, Thymiansträußchen, Lorbeerblätter und Pfefferkörner zugeben. Mit Salz würzen. Das Ganze bei mittlerer Hitze etwa 45 Minuten schmoren.

Die Rouladen herausnehmen und warm halten. Die Sauce durch ein sehr feines Sieb in einen anderen Topf passieren und auf 300 Milliliter einkochen lassen; dabei das an der Oberfläche schwimmende Fett und den Schaum mehrmals abschöpfen. Die Sauce mit Pfeffer aus der Mühle abschmecken.

Portweinzwiebeln

Den Portwein und Rotwein mit Thymian und Lorbeerblättern in einem Topf auf die Hälfte einkochen lassen, dann passieren.

Zutaten

Rindsroulade

1 Zwiebel, Olivenöl, Salz
8 Rinderrouladen aus der Oberschale (à 100 g)
Pfeffer aus der Mühle
1 EL mittelscharfer Senf
8 Scheiben Tiroler Speck
4 Gewürzgurken, längs geviertelt
300 g Röstgemüse (Zwiebel, Karotte, Sellerie, Lauch)
1 EL Tomatenmark, 1 Prise Zucker
700 ml Rotwein
800 ml brauner Kalbsfond (Rezept siehe Seite 260)
2 Sträußchen Thymian, 2 Lorbeerblätter
10 schwarze Pfefferkörner, zerstoßen

Portweinzwiebeln

500 ml roter Portwein, 500 ml Rotwein
3 Zweige Thymian, 3 Lorbeerblätter
500 g rote Zwiebeln
80 g Zucker
Olivenöl
Salz, Pfeffer aus der Mühle

Meersalzkartoffeln

12 kleine Kartoffeln
Meersalz

Cremolata

2 EL Cashewkerne, gehackte
1 EL Zitronenconfit, fein gewüfelt
2 EL Blattpetersilie, fein gehackt

Die Zwiebeln schälen und die Wurzelansätze abschneiden. Mit heißem und kaltem Wasser abspülen und gut abtropfen lassen.

Den Zucker in einem Topf bei starker Hitze zu hellbraunem Karamell schmelzen. Die Zwiebeln und etwas Öl zugeben und alles 2 Minuten durchrühren. Mit Salz würzen. Mit der Weinreduktion auffüllen und den Topfdeckel auflegen. Das Ganze bei geringer Hitze gut 10 Minuten leise köcheln lassen, bis sich der Karamell aufgelöst hat. Den Deckel abnehmen. Die Flüssigkeit bei starker Hitze vollkommen einkochen lassen, dabei mehrmals umrühren. Mit Salz und Pfeffer abschmecken.

Meersalzkartoffeln

Die gewaschenen Kartoffeln in Salzwasser garen. In einer Stielpfanne die Kartoffeln mit 1 Tasse Kochwasser und einem halben Esslöffel Meersalz bei starker Hitze schwenken, bis das Wasser verdampft ist und die Salzkristalle die Kartoffeln umhüllen.

Cremolata

Alle Zutaten gründlich vermengen.

Zum Servieren die Rouladen mit Cremolata bestreuen und mit den Kartoffeln auf einem großzügigen Saucenspiegel anrichten.

„Ich liebe Rindsrouladen! Man muss sie aber mit Fingerspitzengefühl kochen, sonst landen sie so trocken und fad wie gerollte Bierdeckel auf dem Teller."

RINDERFILET „NO MARK – NO FUN“ MIT GEBACKENEN MARKTASCHEN, KANDIERTEM MEERRETTICH UND APFEL-THYMIAN-SAUCE

RINDERFILET „NO MARK – NO FUN“*

Zubereitung

Am Vortag den Apfel schälen, vom Kerngehäuse befreien und würfeln. Die Apfelwürfel auf einem mit Backpapier ausgelegten Blech ausbreiten. Über Nacht im Ofen bei 65 °C dörren lassen.

Ebenfalls am Vortag das Rindermark in kaltes Wasser legen, um eventuelle Blutreste auszuspülen. Am nächsten Tag das Mark etwa 5 Minuten lang in fließend kaltem Wasser wässern. Abtropfen lassen und mit einem heißen, dünnen Messer in 5 mm dicke Scheiben schneiden. Mit Salz und Pfeffer sowie einigen Thymianblättern würzen. Kurz beiseite legen.

Den Meerrettich schälen und in sehr feine Streifen schneiden. Mit Läuterzucker zum Kochen bringen und etwa 30 Minuten bei geringer Hitze köcheln lassen. Wenn der Zucker zu karamellisieren droht, etwas Wasser nachgießen.

Für die Marktaschen aus den Crêpes runde Scheiben mit einem Durchmesser von 6 cm ausstechen und auf einer Seite mit Eigelb bestreichen. Jeweils eine Markscheibe auf die eine Hälfte einer Crêpe-Scheibe legen und die andere Hälfte darüber klappen. Mit den Fingern die Luft aus den Täschchen drücken.

Die Täschchen mit Mehl, Ei und Mie de pain panieren und kurz vor dem Servieren in schäumender Butter ausbacken. Auf Küchenpapier abtropfen lassen.

Die Rinderfilets mit Salz und Pfeffer würzen und in etwas Erdnussöl auf beiden Seiten anbraten. In eine feuerfeste Form setzen, etwas Butter und 2 bis 3 Thymianzweige zugeben und bei 170 °C im Ofen 7 Minuten garen. Herausnehmen und ein paar Minuten ruhen lassen.

Zutaten

1 Apfel
150 g Rindermark
Fleur de Sel (Meersalz-Sorte)
Pfeffer aus der Mühle
1 Sträußchen Thymian
100 g Meerrettichwurzel
200 ml Läuterzucker
(Wasser und Zucker im Verhältnis 1:1)
2 große Crêpes (Rezept siehe Seite 50)
2 Eigelbe, leicht verrührt
Zum Panieren: Mehl, Ei, Mie de pain
(geriebenes entrindetes Weißbrot)
Butter
4 Rinderfilets à 70 g
Etwas Erdnussöl
100 ml Rotweinreduktion (Rezept siehe Seite 265)

Die Rotweinsauce aufkochen, die gedörrten Apfelwürfel und den restlichen Thymian hinzufügen. Wenn die Sauce zu dünnflüssig sein sollte, mit kalter Butter binden.

Das Gericht mit Meerrettich und Rotweinsauce auf vorgewärmten Tellern anrichten.

TIPP: Den Meerrettich können Sie auch in größerer Menge zubereiten und in einem Schraubglas im Kühlschrank über Wochen aufbewahren. Dann braucht man die benötigte Portion nur noch kurz vor dem Servieren im Ofen zu erwärmen.

BLUTWURSTSTRUDEL MIT TOPINAMBUR-SCHMARRN UND JAKOBSMUSCHEL

BLUTWURSTSTRUDEL MIT TOPINAMBUR-SCHMARRN UND JAKOBSMUSCHEL*

Zubereitung

Blutwurststrudel

Die Hälfte des Presssacks in Würfel schneiden, die andere Hälfte im Universalzerkleinerer pürieren.

Die Hühnerbrust in Würfel schneiden und mit Sahne, Kalbsfond, etwas Salz und Pfeffer im Universalzerkleinerer zu einer Farce verarbeiten. Farce, Presssackpüree und -würfel in einer Schüssel gut vermengen. Mit Salz und Pfeffer abschmecken.

Die Kanakiteigblätter auf der Arbeitsfläche ausbreiten, 2 der Blätter mit der flüssigen Butter bestreichen und übereinander legen. (Die Butter trennt die Strudelblätter beim Backen, wodurch der Strudel luftig und knusprig wird.) Das dritte Teigblatt auf die beiden anderen Blätter legen und mit Eigelb bestreichen. Die Presssackmasse mit einem Spritzsack ohne Tülle in einer langen Bahn auf den Teig spritzen, sodass der Strudel einen Durchmesser von etwa 6 cm bekommt. Den Teig einrollen und die Enden zusammendrücken. Auf ein mit Backpapier ausgelegtes Backblech legen und mit Eigelb einstreichen. Bei 180 °C Umluft 10 bis 12 Minuten backen.

Schmarrn und Muscheln

Topinambur in schäumender Butter braun braten, dabei mit Salz würzen und mehrmals schwenken. Thymian, Rosinen und Mandeln zugeben und alles mit etwas Puderzucker bestäuben. Das Ganze 1 bis 2 Minuten schwenken.

Die Jakobsmuscheln trocken in einer sehr heißen beschichteten Pfanne mit wenig Olivenöl auf beiden Seiten jeweils 1 Minute grillen. Mit Salz und Pfeffer würzen. Herausnehmen.

Das Gericht auf vorgewärmten Tellern mit etwas Kalbsglace und aufgeschäumter Geflügelgrundsauce anrichten.

Zutaten

Blutwurststrudel

200 g Presssack
80 g Hühnerbrustfilet, sauber pariert und gekühlt
50 ml Sahne, eiskalt
1 EL brauner Kalbsfond, stark reduziert (Rezept siehe Seite 260)
Salz, Pfeffer
3 Blätter Kanakiteig (griechischer Strudelteig)
Etwas zerlassene Butter, 1 Ei, leicht verrührt

Schmarrn und Muscheln

120 g Topinambur, geschält und in Rauten geschnitten
2 EL Butter, Salz
1 Sträußchen Thymian
1 EL gelbe Rosinen
1 EL Mandelblätter
Puderzucker
4 Jakobsmuscheln, Korail und Muskel entfernt
Olivenöl, Pfeffer aus der Mühle
Etwas Kalbsglace (Rezept siehe Seite 261)
Etwas Geflügelgrundsauce (Rezept siehe Seite 264)

SCHINKEN-DATTEL-BRATWURST AUF KOHLRABISALAT

SCHINKEN-DATTEL-BRATWURST AUF KOHLRABISALAT*

Zubereitung

Bratwurst

Den Schinken in feine Würfel schneiden und in etwas Erdnussöl bräunen. Anschließend abkühlen lassen. In der Zwischenzeit das Kalbfleisch mit dem Schweinebauch, den gedünsteten Zwiebeln und dem Knoblauch durch die feine Scheibe vom Fleischwolf drehen. Das Fleisch anschließend mit den Datteln, gerösteten Schinkenwürfeln, Petersilie, Salz, Pfeffer, Milch und Zitronenabrieb in eine Schüssel geben und gut vermengen. Die Masse muss kalt verarbeitet werden, sonst trennt sich das Eiweiß vom Fett und die Wurstmasse bindet nicht mehr!

Die Därme gründlich auswaschen und durch die fast geschlossene Hand ziehen, um das Wasser auszupressen. Zum Füllen einen Darm über einen Trichter stülpen und den Wurstteig mit Hilfe eines Spritzsackes durch den Trichter in den Darm drücken. Zwischen den Würsten 1 bis 2 cm Platz lassen, dort einige Male um die eigene Achse drehen. Am Ende des Darmes zuknoten. Die Würste in einer vorgeheizten Pfanne mit Erdnussöl ausbraten. Sie sind gar, wenn sie sich fest anfühlen. Sofort servieren.

Kohlrabisalat

Die Kohlrabistreifen mit Aceto balsamico, Salz und Pfeffer marinieren und etwa 5 Minuten ziehen lassen. Kurz vor dem Servieren die frisch geschlagene Sahne unterrühren.

Zum Servieren die Würstchen auf dem Kohlrabisalat anrichten und etwas vom Bratsaft der Würstchen rundum träufeln.

TIPP: Sollten Sie keinen Naturdarm bekommen, können Sie die Wurstmasse auch in ein Schweinenetz (bein Metzger erhältlich) einschlagen und darin braten. Dann sollte man allerdings etwas weniger Schweinebauch verwenden.

Zutaten

Bratwurst

200 g luftgetrockneter Schinken
Erdnussöl
1 kg Fleisch aus der Kalbsschulter
200 g fetter Schweinebauch, ohne Schwarte
40 g Zwiebeln, gewürfelt und in Butter gedünstet
1 Msp. Knoblauch, gehackt und mit den Zwiebeln gedünstet
100 g Datteln, entkernt und klein geschnitten
1 kleiner Bund Blattpetersilie, frisch gehackt
20 g Meersalz
Weißer Pfeffer aus der Mühle
1 EL Milch
Abrieb von ¼ Zitrone
6–7 m Naturdarm (Wienerwürstchendarm) von 22–24 mm Durchmesser

Kohlrabisalat

2 Kohlrabi, geschält und in sehr feine Streifen geschnitten
4 EL weißer Aceto balsamico
Salz, Pfeffer
100 ml Sahne, frisch geschlagen

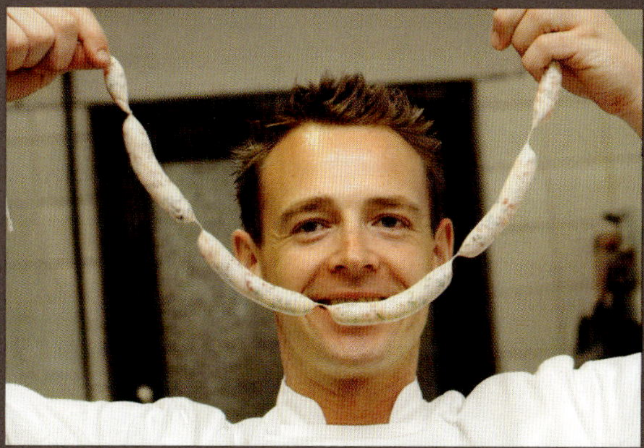

SCHWEINEPFEFFER MIT BOHNENSALAT

SCHWEINEPFEFFER MIT BOHNENSALAT*

Zubereitung

Schweinepfeffer

Das Fleisch gleichmäßig würfeln und mit Essig, Rotwein, Zwiebeln, Lorbeerblättern, Wacholderbeeren, Pfefferkörnern und Thymian 24 Stunden marinieren.

Das Fleisch mit den Zwiebeln auf einem Sieb abtropfen lassen und die Marinade in einem Topf aufkochen. Das aufsteigende Eiweiß mit einem Schaumlöffel entfernen.

Nun das Fleisch mit den Zwiebeln in eine Pfanne geben und in Erdnussöl braun anbraten. Fleisch, Zwiebeln und Tomatenmark anschließend in einen Topf geben und kurz glacieren. Mit Salz würzen und mit aufgekochter Marinade und braunem Kalbsfond bedecken. Aufkochen lassen und das Fleisch bei geringer Hitze etwa 1 Stunde weich kochen. Dann das Fleisch aus der Sauce nehmen und von Zwiebeln, Kräutern und Gewürzen befreien.

Die Sauce durch ein sehr feines Sieb in einen anderen Topf passieren und so weit reduzieren, bis sie in etwa der Menge des Fleisches entspricht.

Die Fleischstücke wieder in die Sauce geben und mit Apfelmus, Rübenkraut und Salz abschmecken. Mit etwas Pumpernickel binden und kurz vor dem Servieren viel weißen Pfeffer aus der Mühle zugeben.

Bohnensalat

Die Bohnen in stark gesalzenem Wasser garen und in Eiswasser abschrecken.

Die Schalottenwürfel mit Senf, Honig und Essig mischen. Die Sahne zugeben und mit Salz und Pfeffer abschmecken. Kurz vor dem Servieren über die Bohnen geben.

Zutaten

Schweinepfeffer

1,2 kg Schweinegulasch, mager und ohne Sehnen
350 ml Rotweinessig
700 ml Rotwein
1 kg Zwiebeln, in grobe Würfel geschnitten
3 Lorbeerblätter
6 Wacholderbeeren, angedrückt
10 schwarze Pfefferkörner, gestoßen
1 Sträußchen Thymian
Erdnussöl
1 EL Tomatenmark
Salz
2 l brauner Kalbsfond (Rezept Seite 260)
3 EL Apfelmus
3 EL Rübenkraut
Etwas Pumpernickel, getrocknet und gemahlen
Weißer Pfeffer aus der Mühle

Bohnensalat

300 g grüne Bohnen
1 Schalotte, in sehr feine Würfel geschnitten
½ EL mittelscharfer Senf
½ EL Honig
4 EL Weißweinessig
100 ml Sahne, frisch geschlagen
Salz, Pfeffer

„Dieses Gericht hat meinen Gaumen schon als Kind geprägt – kein Gulasch kann ihm das Wasser reichen!“

SEVEN SEAS

„ICH VERWENDE FÜR MEINE SPEISEN FISCHE UND MEERESFRÜCHTE AUS ALLEN SIEBEN MEEREN! ZUM GLÜCK GIBT ES MENSCHEN, DIE ES MIT GROSSER SORGFALT UND LOGISTISCHEM AUFWAND MÖGLICH MACHEN, DASS DIE TIERE FANGFRISCH AUF DEN TISCH KOMMEN!“

Aber bitte mit Haut!

Veränderungen und Wandel gehören für mich zum Kochen wie das berühmte Salz in der Suppe. Gerade in den letzten Jahrzehnten hat sich in dieser Hinsicht sehr viel getan. Die Bandbreite der Zutaten, die in deutschen Küchen in den Topf kommen, reicht zweimal rund um den Globus. Gerichte aus aller Herren Länder gehören ebenso selbstverständlich zum Alltag wie das Bewusstsein für den Nährstoffgehalt von Lebensmitteln. Heute kocht man Gemüse nicht mehr zu Tode, bis nur noch ein Batzen ausgelaugter Zellulose auf dem Teller landet, und auch Saucen reduziert man nicht mehr nur auf Teufel komm raus. Vieles hat man im Laufe der Zeit über Bord geworfen, anderes unter dem Motto „Was Großmutter noch wusste" reumütig wieder zurückgeholt. Das gilt für bestimmte Gerichte, die eine Zeitlang nicht salonfähig waren (ich habe ein besonderes Faible für derlei stiefmütterlich behandelte Speisen, denen ich in meinen Küchen zu einer neuen Renaissance verhelfe …) ebenso, wie für Omas Tipps und Tricks bei der Zubereitung. Wichtig ist dabei für mich die Kombination von Tradition und Innovation, die zu einem perfekten Geschmackserlebnis führt.

Bei Fischgerichten schafft eine oft vernachlässigte Kleinigkeit manchmal schon die Basis für ein solches kulinarisches Highlight. Die Rede ist von der Haut des fangfrischen Tieres! Fischhaut ist etwas ganz Besonderes: Wenn Sie zum Beispiel ein Zanderfilet mit Haut und eines ohne zubereiten, werden Sie feststellen, dass das Filet mit Haut viel besser schmeckt, einfach „mehr nach Zander". Hinzu kommt, dass die Haut das Fleisch nicht nur beim Garvorgang schützt, sondern ihm auch durch das Braten ein wunderbares Röstaroma verleiht.

Es sind diese vermeintlich kleinen Dinge, die beim Kochen große Wirkung erzielen und einem Gericht einen ganz besonderen Kick geben. Solche Kniffe kann man lernen – durch Hinschauen, Ausprobieren, beständiges Weiterentwickeln. Ein kleines Mosaiksteinchen wird sich mit der Zeit zum Nächsten fügen und das Kochen wird mit der Zeit zu einem ganzheitlichen Erlebnis werden. Und das beginnt schon mit dem Einkauf. Mein Credo lautet auch beim Thema Fisch: Frische und beste Qualität! Zugegeben, bei den leergefischten Meeren und Seen ist es manchmal schwer, fangfrische „wilde" Ware auf den Tisch zu bekommen. Den entscheidenden Unterschied kann man sofort erkennen: Nehmen Sie zum Beispiel einmal einen Lachs in die Hand und fahren mit dem Finger über die Haut des Fisches. Glänzt er, fühlt er sich ölig an, handelt es sich um einen eher preiswerten Zuchtlachs, den man am Besten auf den Grill legt und anschließend mit einem guten Salat serviert. Ist der Lachs eher matt und hat viel Eiweiß, dann ist er anständig gefüttert, vielleicht sogar frisch aus dem Fluss geangelt worden und eignet sich perfekt für höhere kulinarische Weihen!

Eine Portion Liebe, Leidenschaft und die Bereitschaft, zu lernen, gehört natürlich auch dazu: Man muss das Kochen verkörpern, in sich übergehen lassen. Dann gelingen alle Gerichte, denn sie tragen Ihre Handschrift – und Sie können in jedem Fall sagen: „Mit Liebe gekocht!"

MIT OXTAIL GEFÜLLTE CALAMARETTI AUF GEBRATENEM SALAT UND TRÜFFEL

MIT OXTAIL GEFÜLLTE CALAMARETTI AUF GEBRATENEM SALAT UND TRÜFFEL*

Zubereitung

Calamaretti

Das Ochsenschwanzfleisch (Oxtail) mit einem großen Küchenmesser fein hacken. Eine beschichtete Pfanne bei starker Hitze heiß werden lassen. Etwas Olivenöl, Ochsenschwanz und Schalotten zugeben, 2- bis 3-mal schwenken, dann 1 Minute braten. Mit Salz und Pfeffer würzen, nochmals schwenken und mit Portwein und Madeira ablöschen. Den Ochsenschwanzfond einrühren und vollkommen einkochen lassen. Mit Salz, Pfeffer und Trüffelöl abschmecken. Das Ragout auskühlen lassen.

Die Calamaretti von Kopf, Innereien und Haut befreien und ausspülen. Bei den Köpfen den „Knopf“ abschneiden. „Knöpfe“, Innereien und Haut wegwerfen, Köpfe kurz beiseite legen.

Mit Hilfe eines Spritzsackes das Ochsenschwanzragout in die Calamaretti-Tuben füllen. Calamaretti in Instantmehl wenden und in etwas Olivenöl etwa 5 Minuten braten. Die Köpfe dazugeben und 1 weitere Minute braten. Beiseite stellen.

Trüffelsauce

Den Geflügelfond auf ein Drittel reduzieren und mit Portwein, Sahne und Trüffelöl aufschäumen.

Salat und Vinaigrette

Den Radicchio putzen, sodass fast ausschließlich das Rote von den Blättern zurückbleibt. Die Blätter in 1,5 cm große Stücke schneiden und in einer vorgewärmten Pfanne in etwas Olivenöl ganz kurz anbraten, dabei mit etwas Puderzucker bestäuben.

Für die Vinaigrette alle restlichen Zutaten mischen.

Zum Servieren die Calamaretti auf dem Salat anrichten. Etwas Vinaigrette zum Salat geben und die Trüffelsauce hinzufügen.

Zutaten

Calamaretti

120 g geschmortes Ochsenschwanzfleisch, gesäubert
Olivenöl
50 g Schalotten, fein gewürfelt
Fleur de Sel (Meersalz-Sorte)
Pfeffer aus der Mühle
2 cl Portwein, 2 cl Madeira
50 ml brauner Kalbsfond (Rezept siehe Seite 260)
Trüffelöl
8–12 Calamaretti (kleine Tintenfische)
Instantmehl

Trüffelsauce

250 ml Geflügelfond (Rezept siehe Seite 262)
Etwas reduzierter weißer Portwein
150 ml Sahne
Trüffelöl

Salat und Vinaigrette

1 Kopf Radicchio oder 2 Köpfe Treviso-Salat
Etwas Olivenöl, Puderzucker
1 EL Aceto balsamico (Fond Montebello)
1 EL Walnussöl
1 EL Traubenkernöl
1 EL Olivenöl
Fleur de Sel, Pfeffer aus der Mühle
Trüffelöl

Zum Garnieren (wahlweise)

Trüffel, Kerbel, Daikonkresse, Rukola, Frisée, Parmesan, Peccorino, Pinienkerne

BRETONISCHER HUMMER UND REHSCHINKEN MIT ROTKOHL-PARMESAN-SÜPPCHEN UND SALATHERZEN

Zubereitung

Bretonischer Hummer

Die Hummer unter fließendem Wasser abspülen. Mit dem Kopf voran in reichlich sprudelnd kochendem Wasser 7 bis 8 Minuten kochen. In eiskaltem Wasser abschrecken. Das Fleisch von Scheren, Gelenken und Schwanz ausbrechen. Beiseite legen. Magensack und Innereien entfernen und wegwerfen.

Hummersauce

Die Hummerschalen zerkleinern und die Beine zerstoßen. In einen Topf mit heißem Olivenöl geben. Die Gemüsewürfel sowie den Knoblauch hinzufügen und das Ganze 10 Minuten farblos anschwitzen. Die frischen und passierten Tomaten, den Thymian und alle Gewürze unterrühren. Mit Weißwein und Martini ablöschen und auf ein Drittel einkochen lassen. Fischfond, einen Viertelliter Wasser und die Sahne angießen und bei mittlerer Hitze 30 Minuten köcheln lassen. Die Sauce durch ein sehr feines Sieb passieren und auf 300 Milliliter reduzieren.

Rotkohl-Parmesan-Süppchen

Den Rotkohl klein schneiden und in einer Zentrifuge entsaften. Die Schalottenwürfel und Lauchringe in etwas Butter farblos anschwitzen. Mit Geflügelfond und Rotkohlsaft ablöschen, mit Salz würzen und auf die Hälfte einkochen lassen. Die Sahne und den Parmesan zugeben und im Mixer pürieren. Mit Salz und Pfeffer abschmecken.

Salatherzen und Vinaigrette

Für die Vinaigrette Essig, Honig und Traubenkernöl verrühren. Mit Salz abschmecken und auf die Salatherzenhälften träufeln.

Rehschinken

Wer sich nicht die Mühe machen möchte, den Rehschinken selbst zuzubereiten, kauft 12 dünne Scheiben Rehschinken (in

Zutaten

Bretonischer Hummer

2 bretonische Hummer à 600 g

Hummersauce

6 EL Olivenöl
80 g kleine Gemüsewürfel (Karotte, Lauch, Schalotte, Staudensellerie)
1 Knoblauchzehe, zerstoßen
2 reife, aromatische Tomaten, gewürfelt
150 ml passierte Tomaten aus der Dose
1 Sträußchen Thymian, 1 Lorbeerblatt
1 TL rosa Pfefferkörner, zerstoßen
1 TL Korianderbeeren, zerstoßen
1 Msp. Currypulver, 1 Msp. Paprikapulver
1 Msp. Safranpulver
250 ml Weißwein, 125 ml Martini Extra Dry
250 ml klarer Fischfond (Rezept siehe Seite 263)
250 ml Sahne

Zum Servieren: Butter, Basilikumblätter

Rotkohl-Parmesan-Süppchen

1 kleiner Rotkohl
2 Schalotten, gewürfelt
60 g Weißes vom Lauch, in feine Ringe geschnitten
Butter
100 ml Geflügelfond (Rezept Seite 262)
Salz
100 ml Sahne, 30 g Parmesan, frisch gerieben
Pfeffer aus der Mühle
(Zutaten für Salat und Rehschinken siehe folgende Seite)

gut sortierten Feinkostläden erhältlich). Bei eigener Herstellung alle Zutaten für die Marinade mischen und darin das ausgelöste Rehfleisch 3 Tage zugedeckt im Kühlschrank marinieren. Für die Salzlake das Salz und das Pökelsalz mit 2 Litern Wasser mischen und darin das Fleisch weitere 3 Tage marinieren. Das Fleisch anschließend 3 Tage in kaltem Rauch und einige Wochen oder auch Monate im Kühlhaus oder an einem kühlen, luftigen Ort trocknen.

Das Hummerfleisch kurz vor dem Servieren in einer kleinen Pfanne mit etwas Butter und einigen Basilikumblättern erhitzen. Die Sauce und das Süppchen mit dem Pürierstab aufschäumen und zum Servieren in Schalen geben. Den Rehschinken mit dem Hummerfleisch anrichten und mit Sauce benetzen. Die Salatherzen separat reichen. Nach Belieben blanchierte und in Butter geschwenkte feine Rotkohlraspeln hinzufügen.

Salatherzen und Vinaigrette

1 EL weißer Aceto balsamico
1 TL Honig, 2 EL Traubenkernöl
Fleur de Sel (Meersalz-Sorte)
2 Blattsalatherzen, halbiert

Rehschinken

Für die Marinade: 40 ml Cognac , 40 ml Portwein
15 Wacholderbeeren, zerdrückt, 1 EL Rosmarinblättchen
1 Lorbeerblatt, 1 Knoblauchzehe, zerdrückt
100 g Karottenscheiben, 40 g Zwiebelwürfel und
100 g Lauchringe
1 Rehkeule, ausgelöst
Für die Salzlake: 150 g Salz, 50 g Pökelsalz

HUMMERRAVIOLI IM EIGENEN SUD

HUMMERRAVIOLI IM EIGENEN SUD*

Zubereitung

Die Hummer unter fließendem Wasser abspülen. Mit dem Kopf voran in reichlich sprudelnd kochendem Wasser 2 Minuten kochen. Herausnehmen (das kochende Wasser auf dem Herd lassen). In eiskaltem Wasser abschrecken. Anschließend die Scheren abtrennen und weitere 8 Minuten im Kochwasser garen. Herausnehmen und beiseite legen.

Magensack und Innereien der Hummer entfernen und wegwerfen. Das fast rohe Hummerfleisch aus dem Schwanz und den Gelenken brechen, mit einem großen Messer hacken und in eine Schüssel geben. Den Ingwer, Knoblauch, Estragon und die Sahne zugeben und das Ganze vermengen. Mit Salz und Pfeffer abschmecken. Die Hummermasse beiseite stellen.

Sud

Den Sud wie die Hummersauce im Rezept „Bretonischer Hummer“ (siehe Seite 142) nur ohne Sahne zubereiten und statt der passierten Tomaten etwas Tomatenmark verwenden.

Hummerravioli

Alle Zutaten – außer den Eigelben zum Bestreichen – zu einem glatten Teig verkneten. Den Teig in Klarsichtfolie einwickeln und 2 Stunden im Kühlschrank ruhen lassen.

Den Teig in der Nudelmaschine sehr dünn, möglichst lang und breit ausrollen und gleichmäßig mit Eigelb bestreichen. Die Hummermasse in ausreichendem Abstand auf eine Teigplatte setzen und mit einer zweiten abdecken. Überschüssige Luft zu den Öffnungen hin ausstreichen. Ravioli rund ausstechen und in siedendem, gesalzenem Wasser 4 Minuten garen.

Hummerscheren, Lammohrsalat und Tomaten im Sud erwärmen. Das Gericht auf vorgewärmten Tellern anrichten.

Zutaten

2 bretonische Hummer à 600 g
1 Msp. frischer Ingwer, gehackt
1 Msp. junger Knoblauch, gehackt
1 TL frischer Estragon, gehackt
2 EL Sahne
Fleur de Sel (Meersalz-Sorte)
Pfeffer aus der Mühle

Sud

Zutaten wie für die Hummersauce im Rezept „Bretonischer Hummer“ – außer den Basilikumblättern und der Butter (siehe Seite 142)

Hummerravioli

8 Eigelbe
1–2 Eier
200 g glattes Mehl
200 g griffiges Mehl
50 g Grieß
40 g Olivenöl
Fleur de Sel
Pfeffer aus der Mühle
Zum Bestreichen des Teigs: 2 Eigelbe, leicht verquirlt

Zum Servieren

Lammohrsalatblätter
(auch Glasschmalz oder Queller genannt),
vollreife Tomaten, enthäutet und in Rauten geschnitten

LANGUSTINENTATAR MIT GEBACKENEM LAMMFUSS UND AROMATENREMOULADE

LANGUSTINENTATAR MIT GEBACKENEM LAMMFUSS*

Zubereitung

Langustinentatar

Das Langustinenfleisch aus den Schalen brechen, den Darm entfernen und das Fleisch mit einem scharfen Messer fein hacken. Mit Olivenöl, Limonensaft, Salz und Pfeffer marinieren.

Lammfüße

Die Lammfüße mit Bouquet garni, Essig, Zwiebel und Knoblauch in reichlich Wasser 20 bis 30 Minuten garen, bis das Fleisch weich ist. Das Fleisch von den Knochen lösen und in eine Pressform geben. Im Kühlschrank durchkühlen lassen und in feine Würfel schneiden.

Die Schalotten konfieren; dafür die Schalottenwürfel in Olivenöl farblos anschwitzen, mit etwas Geflügelfond ablöschen und die Flüssigkeit vollkommen einkochen lassen. Kalt stellen.

Lammfußwürfel, konfierte Schalotten, Tomaten, Oliven, Lammfond, Aceto balsamico und Thymian in eine Schüssel geben und im Wasserbad warm rühren. Mit Salz und Pfeffer abschmecken. Die Lammfußmasse nun im Eisbad kalt rühren, bis er eine feste Konsistenz angenommen hat. Anschließend mit zwei Löffeln gleichmäßige Nocken formen und diese im Kühlschrank erstarren lassen.

Die Nocken in Mehl, Ei und Semmbröseln panieren und in geklärter Butter im Backofen bei 160 °C ausbacken.

Aromatenremoulade

Alle Zutaten in einer Schüssel mischen. Mit Salz und Pfeffer abschmecken.

Zum Servieren die Lammfußnocken auf dem Langustinentatar anrichten und etwas Aromatenremoulade hinzufügen.

Zutaten

Langustinentatar

12 Langustinenschwänze
4–5 EL Olivenöl
Saft von einer ½ Limone
Fleur de Sel (Meersalz-Sorte)
Pfeffer aus der Mühle

Lammfüße

6 Lammfüße, eingesalzen
1 großes Bouquet garni (Lauch, Thymian, Lorbeerblatt, Staudensellerie)
1 EL Essig, 1 Zwiebel, 1 Knoblauchzehe,
1 EL gewürfelte Schalotten, Olivenöl, Geflügelfond (Rezept siehe Seite 262)
½ EL getrocknete Tomaten, gehackt
1 EL schwarze Oliven, gehackt
2 EL Lammfond, stark reduziert (Rezept siehe Seite 260)
½ EL 13 Jahre alter Aceto balsamico
1 TL gehackter Thymian
Salz, Pfeffer
Für die Panade: Instantmehl, Ei, Semmelbrösel
Zum Ausbacken: 300 g geklärte Butter

Aromatenremoulade

80 g Mayonnaise, 60 g Crème fraîche
½ EL getrocknete Tomaten, gehackt
1 EL schwarze Oliven, gehackt
1 EL konfierte Schalottenwürfel
2 EL Lammfond, stark reduziert
1 TL Estragon, gehackt
Salz, Pfeffer

GEGRILLTER HEILBUTT AUF MANGO-KORIANDER-CHUTNEY

GEGRILLTER HEILBUTT AUF MANGO-KORIANDER-CHUTNEY*

Zubereitung

Den Backofen auf 160 C° Umluft vorheizen. Die Paprikaschote auf ein kleines Backblech legen und für 8 bis 10 Minuten in den vorgeheizten Ofen geben. Etwas abkühlen lassen, dann die Haut abziehen. Das Fruchtfleisch in Würfel schneiden.

Die Mango schälen und entkernen. Das Fruchtfleisch in Würfel schneiden. Von den Frühlingszwiebeln den Wurzelboden und das Dunkelgrüne abschneiden. Das Weiße schräg in etwa 3 mm dünne Ringe schneiden. Die Korianderblätter von den Stängeln zupfen und grob zerkleinern.

Paprika- und Mangowürfel, Frühlingszwiebeln mit den Korianderblättern und -körnern, dem Zimt und Reisessig vermengen. Mit Salz und Pfeffer abschmecken. Das Chutney etwa eine halbe Stunde ziehen lassen.

Das Heilbuttfilet in 4 gleich große Stücke teilen und in einer Grillpfanne in etwas Olivenöl 4 bis 5 Minuten braten. Mit Salz und Pfeffer würzen.

Zum Servieren das Chutney jeweils in die Mitte des Tellers geben und den Fisch darauf setzen.

TIPP: Als Beilage empfehle ich kleine, neue Kartoffeln, in der Schale gekocht, halbiert und in schaumig erhitzter Butter hellbraun gebraten. Zum Knuspern kann man noch etwas Lauchstroh auf den Fisch geben. Für das „Stroh" eine Stange Lauch in feine Streifen schneiden, diese blanchieren, kalt abschrecken und gut trockentupfen. Die Lauchstreifen anschließend bei 150 °C in Öl ausbacken, mit dem Schaumlöffel herausheben und auf Küchenpapier gut abtropfen lassen. Mit Salz würzen.

Zutaten

½ rote Paprikaschote, entkernt
1 Thai-Mango
2 Frühlingszwiebeln
1 Bund Koriandergrün
Einige Korianderkörner, gestoßen
1 Msp. Zimt
2 EL Reisessig
Salz
Pfeffer aus der Mühle
400–500 g Heilbuttfilet
Olivenöl

KABELJAU-SALTIMBOCCA-PICCATA AUF SCAMPIPESTO UND BALSAMICOREDUKTION

KABELJAU-SALTIMBOCCA-PICCATA*

Zubereitung

Scampipesto

In einem vorgewärmten Topf die Paprika- und Schalottenwürfel mit dem Knoblauch in etwas Olivenöl anschwitzen. Den Rosmarin zugeben, mit Salz würzen und mit Martini ablöschen. Die Paprika-Schalotten-Mischung zugedeckt bei mittlerer Hitze weich dünsten. Vom Herd nehmen.

Die Knoblauchzehe und den Rosmarin aus der Paprika-Schalotten-Mischung entfernen. Knapp 60 Milliliter Olivenöl unterrühren und das Ganze mit einem Mixstab pürieren. Mit etwas Salz und Pfeffer abschmecken. Den Parmesan und die Pinienkerne zugeben.

Alle Scampis von den Schalen und dem Darm befreien. Das Scampifleisch sehr fein hacken und in einer vorgeheizten Pfanne in etwas Olivenöl kurz sautieren (schwenken) und unter die Paprika-Mixtur heben. Den Pesto nochmals gründlich mischen und mit Salz und Pfeffer abschmecken.

Saltimbocca-Piccata

Für die Panade den Parmesan mit dem Ei verrühren und nur so viel Sahne dazugeben, dass die Masse eine zähflüssige Konsistenz hat.

Für die Piccata das Kabeljaufilet in 4 gleich große Stücke schneiden. Die Schinkenscheiben auf der Arbeitsfläche ausbreiten. Auf jede Scheibe ein Salbeiblatt, ein Stück Fisch und obenauf eine weiteres Salbeiblatt legen. Die Schinkenscheiben um den Fisch zu Päckchen wickeln und diese zunächst in etwas Mehl wenden, dann durch die Parmesan-Ei-Panade ziehen.

In einer vorgewärmten beschichteten Pfanne etwas Olivenöl erhitzen und darin die Schinken-Fisch-Päckchen bei mittlerer

Zutaten

Scampipesto

2 rote Paprikaschoten, entkernt und gewürfelt
1 Schalotte, gewürfelt
1 Knoblauchzehe, zerdrückt
Olivenöl
1 Bund Rosmarin
Salz
50 ml Martini Extra Dry
Pfeffer aus der Mühle
30 g Parmesan, frisch gerieben
50 g Pinienkerne, geröstet und gehackt
8 Scampi oder Riesengarnelen

Saltimbocca-Piccata

100 g Parmesan, frisch gerieben
1 Ei
20 ml Sahne
300 g Kabeljaufilet
4 Scheiben Parma- oder Serranoschinken
8 große Salbeiblätter
2 EL Instantmehl
Olivenöl, Butter
Balsamicoreduktion (Rezept siehe Seite 265)

Hitze etwa 5 bis 6 Minuten langsam braten, bis sie rundum goldbraun sind. Kurz vor Beendigung des Bräunens etwas Butter in die Pfanne geben, schaumig werden lassen und die Schinken-Fisch-Päckchen darin wenden. Die Pfanne vom Herd nehmen und die Piccata noch 1 Minute ruhen lassen.

Zum Servieren die Piccatta auf dem Scampipesto anrichten und rundherum etwas Balsamicoreduktion ziehen. Nach Belieben mit etwas aufgeschäumter Geflügelgrundsauce (Rezept siehe Seite 264) beträufeln.

TIPP: Als Beilage zu diesem Gericht empfehle ich eine gefüllte Paprikaschote. Dafür eine große rote Paprikaschote halbieren, entkernen und bei 160 °C für 10 Minuten in den Backofen geben. Die Haut sorgfältig abziehen und das Fruchtfleisch würfeln. Nun (pro Person gerechnet) von je einer kleinen gelben Paprikaschote einen Deckel abschneiden und die Schote samt Deckel – mit etwas Öl bestrichen – im Ofen schmoren. Die gelbe Schote zu guter Letzt mit den roten Würfeln füllen und heiß servieren.

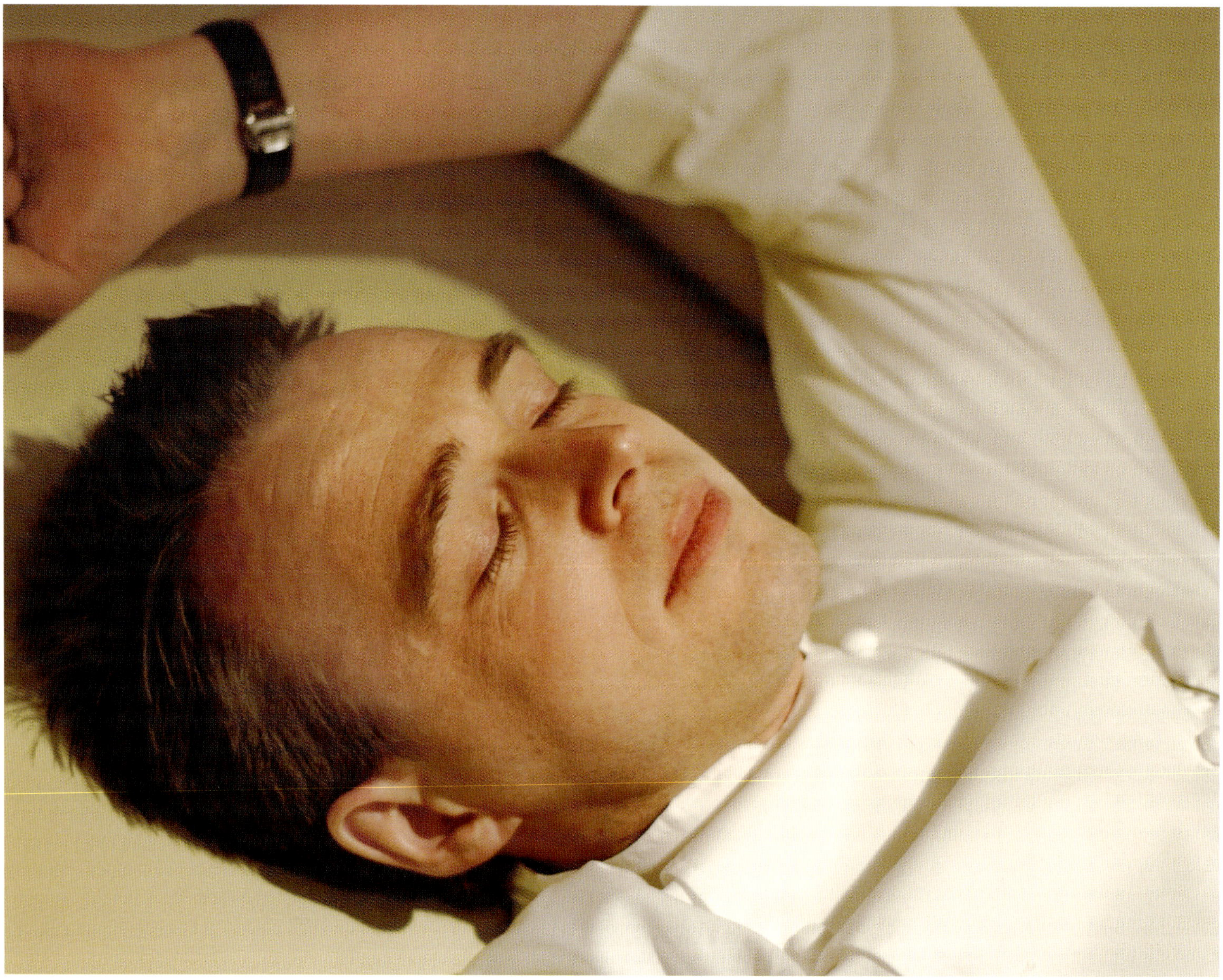

„Der Klecks Butter zum Schluss ist das i-Tüpfelchen beim Braten der Piccata."

SCHOTTISCHER LACHS IM NUDELBLATT GEGART AUF ARTISCHOCKEN-PFIFFERLINGS-TRIFOLATI

SCHOTTISCHER LACHS IM NUDELBLATT GEGART*

Zubereitung

Nudelblatt und Lachs

Für den Nudelteig Eigelbe, Mehl, Olivenöl und Safran zu einem glatten Teig verkneten und diesen etwa 2 Stunden im Kühlschrank ruhen lassen.

In der Zwischenzeit den Lachs in Portionen à 80 Gramm schneiden. 4 der Stücke in den Kühlschrank legen. Die restlichen 80 Gramm Lachs in kleine Würfel schneiden und mit der Sahne und etwas Salz und Pfeffer im Universalzerkleinerer zu einer glatten Farce pürieren. Wichtig ist dabei, dass alle Zutaten sehr kalt verarbeitet werden, da die Farce sonst gerinnt! Kalt stellen.

Den Nudelteig in der Nudelmaschine sehr dünn, möglichst lang und 15 bis 20 cm breit ausrollen. Den Teig gleichmäßig etwa 2 mm dick mit Lachsfarce bestreichen und mit Thymianblättchen bestreuen. Die Lachsportionen trockentupfen und in ausreichend großem Abstand auf die Teigplatte setzen. Jeweils rund um den Lachs die Teigplatte so zuschneiden, dass man jede Portion in Nudelteig einschlagen kann. Überschüssige Luft mit der Handfläche vorsichtig zu den Öffnungen hin ausstreichen. Den überflüssigen Nudelteig abschneiden. Die Nudeltaschen bis zum Garen mit einem Tuch abdecken.

Trifolati

Die Artischocken putzen, die Blätter abziehen und das im Inneren befindliche „Heu“ entfernen. Die Artischockenböden in kaltes Wasser legen und beiseite stellen.

Die Artischockenblätter in etwas Olivenöl 2 Minuten anschwitzen. Den Geflügelfond zugießen, aufkochen lassen und das Ganze bei geringer Hitze 15 bis 20 Minuten ziehen lassen. Durch ein Sieb passieren und griffbereit beiseite stellen.

Zutaten

Nudelblatt und Lachs

250 g Eigelb
400 g Mehl
3 EL Olivenöl
1 Msp. Safranpulver
400 g Filet vom schottischen Lachs, ohne Haut
40 ml Sahne
Fleur de Sel (Meersalz-Sorte)
Pfeffer aus der Mühle
Abgezupfte Blätter von 1 Sträußchen Thymian

Trifolati

2 Artischocken
Olivenöl
600 ml Geflügelfond (Rezept siehe Seite 262)
60 g Schalotten, fein gewürfelt
1 Knoblauchzehe, zerdrückt
120 g Pfifferlinge
2 EL Butter
1 Tasse Blattpetersilie, gehackt
Salz
Pfeffer aus der Mühle

Die Artischockenböden aus dem Wasser nehmen, trockentupfen und in kleine Dreiecke schneiden (die Böden achteln). In einer beschichteten Pfanne reichlich Olivenöl erhitzen und die Artischockenstücke darin anbraten. Die Schalotten und den Knoblauch hinzufügen und kurz farblos anschwitzen. Mit der Artischocken-Geflügelbrühe ablöschen und die Flüssigkeit auf ein Viertel einkochen lassen.

Die Pfifferlinge in einer vorgeheizten Pfanne in schaumiger Butter braten und mit der Petersilie in den Artischockensud geben. Mit Salz und Pfeffer abschmecken.

Kurz vor dem Servieren die Lachs-Nudeltaschen in siedendem Salzwasser 4 Minuten blanchieren. Vorsichtig mit einem Schaumlöffel aus dem Wasser heben und gleich auf vorgewärmte Teller setzen. Mit dem Artischocken-Pfifferlings-Trifolati übergießen.

Einen Teil der Trifolati-Flüssigkeit zurückbehalten und rasch mit einem Schuss Olivenöl aufschäumen. Etwas Schaum auf jede Nudeltasche setzen.

„Viele Köche geben beim Wässern der Artischockenböden Zitronensaft mit ins Wasser – ich tue dies nicht, denn ich mag es nicht, wenn die Artischocken mehr nach Zitrone schmecken als nach Artischocke. Der feine aromatische Eigengeschmack ist ja gerade das Köstliche an diesem Distelgewächs.“

THUNFISCH IM HIMBEERLACK MIT INGWER-LAUCH, GEBACKENEN HIMBEEREN UND GRÜNER MEERRETTICHCREME

Zubereitung

Thunfisch im Lack

Die Tiefkühlhimbeeren mit 40 Gramm Puderzucker in einer Schüssel mischen. Zugedeckt über Nacht ziehen lassen. Dann die Beeren durch ein mit Küchenpapier ausgelegtes Sieb in eine andere Schüssel abseihen, um den klaren Saft zu gewinnen.

In der Zwischenzeit den Tempurateig nach Anleitung (siehe Packung) mit kaltem Mineralwasser anrühren. Beiseite stellen.

Den restlichen Puderzucker in einer beschichteten Pfanne zum Schmelzen bringen und mit dem Himbeersaft ablöschen. Eine Prise Salz zugeben. Bei starker Hitze so lange einkochen, bis eine sirupartige Konsistenz erreicht ist. Zwischendurch rühren. Nebenbei die Pfefferbeeren in einem groben Sieb so reiben, dass nur die rote Schale der Beeren durchfällt.

Kurz bevor der Himbeerkaramell braun zu werden beginnt, die Thunfischfilets und die Pfefferbeerenschalen hinzufügen. Den Fisch nur mehrmals schnell wenden; er soll innen roh bleiben. Die mit Himbeerlack überzogenen Filets nun auf Backpapier ablegen. Mit Thymianblättern und Fleur de Sel bestreuen.

In einer Pfanne die Butter schaumig werden lassen, den Ingwer zugeben und 1 Minute anschwitzen. Den Lauch hinzufügen, mit Salz würzen und 1 weitere Minute anschwitzen. Vom Herd nehmen. Mit Pfeffer abschmecken. Die Löwenzahnblüten zugeben.

Die frischen Himbeeren durch den Tempurateig ziehen. In Öl bei 160 °C ausbacken. Auf Küchenpapier abtropfen lassen.

Meerrettichcreme

Alle Zutaten gut verrühren. Die Creme rund um das auf vorgewärmten Tellern servierte Gericht verteilen.

Zutaten

Thunfisch im Lack

100 g Himbeeren, tiefgefroren
100 g Puderzucker
4 EL Tempurateigmischung
Etwas kaltes Mineralwasser
Fleur de Sel (Meersalz-Sorte)
10 rosa Pfefferbeeren
4 Stücke Thunfischfilet in Sushi-Qualität à 60 g
1 EL Thymianblätter
3 EL Butter
1 TL frischer Ingwer, gehackt
1 mittelgroße Stange Lauch, in Streifen geschnitten
Pfeffer aus der Mühle
Gelbe Blütenblätter vom Löwenzahn
20 frische Himbeeren, Frittieröl

Meerrettichcreme

2 TL Wasabi (grüner Meerettich aus der Tube)
1 EL Mayonnaise, 2 EL Crème fraîche
1 TL Reisessig (oder Weißweinessig)
1 TL Honig
1 Prise Fleur de Sel, Pfeffer aus der Mühle

BÄRLAUCH-RICOTTA-COTTA MIT MARINIERTEN JAKOBSMUSCHELN, GESCHMORTER PAPRIKA, KRÄUTER-SEITLINGEN UND AMARETTINIBRÖSELN

BÄRLAUCH-RICOTTA-COTTA MIT MARINIERTEN JAKOBSMUSCHELN*

Zubereitung

Bärlauch-Ricotta-Cotta

Den Geflügelfond aufkochen lassen, mit etwas Salz und Pfeffer abschmecken. Die ausgedrückte Gelatine in der Brühe auflösen. Ricotta und Bärlauch unterrühren. Die Mischung im Eisbad so lange rühren, bis sie zu gelieren beginnt. Dann sofort aus dem Eis nehmen und die Sahne vorsichtig unterheben. Mit Salz und Pfeffer abschmecken und die Masse in kleine Tassen oder Förmchen füllen. Etwa 1 Stunde ins Eisfach stellen.

Muscheln, Paprika und Seitlinge

Das Jakobsmuschelfleisch in dünne Scheiben schneiden. Das Olivenöl über die Muscheln geben. Kurz vor dem Anrichten mit Salz und Pfeffer würzen.

Den Backofen auf 150 °C Umluft vorheizen. Die Paprikaschote vierteln, entkernen und im Ofen etwa 15 Minuten schmoren. Herausnehmen, einige Minuten mit Alufolie bedeckt abkühlen lassen und anschließend die Haut abziehen.

Die Kräuter-Seitlinge mit den Schalotten in etwas Butter bei starker Hitze 1 Minute anschwitzen. Mit Salz und Pfeffer würzen.

Zum Servieren die Bärlauch-Ricotta-Cotta auf die Mitte eines Tellers stürzen und mit Paprika und Jakobsmuschelfleisch anrichten. Die Pilze und etwas Aceto balsamico rund herum verteilen. Amarettinibrösel darüber streuen.

„Was aus dem Meer kommt, würze ich fast immer mit Fleur de Sel. Die Salzkristalle haben einfach einen unübertroffenen aromatischen Geschmack! Ich verwende in meinen Küchen bis zu 5 verschiedene Salze, denn auf den kleinen Unterschied kommt es an."

Zutaten

Bärlauch-Ricotta-Cotta

100 ml Geflügelfond (Rezept siehe Seite 262)
Fleur de Sel (Meersalz-Sorte)
Pfeffer aus der Mühle
5 Blätter Gelatine, in kaltem Wasser eingeweicht
200 g Ricotta
1 EL Bärlauch, fein gehackt
250 ml Sahne, steif geschlagen

Muscheln, Paprika und Seitlinge

Muschelfleisch von 4 Jakobsmuscheln
2 EL Olivenöl
Fleur de Sel
1 rote Paprikaschote
60 g kleine Kräuter-Seitlinge (Gartenpilze)
1 TL Schalotten, gewürfelt
Butter
Pfeffer aus der Mühle
1 EL 13 Jahre alter Aceto balsamico
4 EL Amarettini, zerdrückt oder geschrotet

ROTBARBE MIT ROSENWASSER, WASABI, ROSA PFEFFER, MANGO UND MARINIERTEN PALMENHERZEN

Zubereitung

Die Pfefferbeeren in einem groben Sieb reiben, sodass nur die rote Schale der Beeren durchfällt. Die Schalen mit Wasabi und Rosenwasser verrühren.

Die Rotbarbenfilets von Gräten befreien und die Fleischseite mit der Wasabimischung bestreichen oder darin wälzen.

Aceto balsamico, Honig, Erdnussöl und Sesamöl zu einer Marinade verrühren. Die Mango mit den Palmenherzen und den Cashewkernen in der Marinade schwenken. Mit Salz würzen. Beiseite stellen.

Die Butter in einer beschichteten Pfanne bei mittlerer Hitze schaumig werden lassen. Die Rotbarben mit der Hautseite in die Butter legen und 2 Minuten bei geringer Hitze braten, dann wenden und nur kurz garen. Herausnehmen und warm halten.

Den Lauch und die Enokipilze in die Pfanne geben und mit etwas Salz anschwitzen. Vom Herd nehmen.

Zum Servieren die Mango und die Palmenherzen auf vorgewärmte Teller geben. Den Lauch mit den Pilzen und die Rotbarben darauf setzen. Mit Fleur de Sel und frisch gemahlenem Pfeffer bestreuen. Etwas Marinade rund um das Ganze träufeln und ein paar dicke Tropfen Balsamicoreduktion hinzufügen.

„Bei sehr intensiven Aromaten wie Wasabipaste oder rosa Pfefferbeeren sollte man nach dem Motto ‚weniger ist mehr' verfahren."

Zutaten

1 EL rosa Pfefferbeeren
1 EL Wasabipaste
2 EL Rosenwasser
16 kleine Rotbarbenfilets
1 Espressotasse weißer Aceto balsamico
1 EL Honig
1 Espressotasse Erdnussöl
3 Tropfen Sesamöl (von gerösteten Sesamsamen)
½ Mango, geschält und in Streifen geschnitten
120 g große Palmenherzen, in Scheiben geschnitten
2 EL Cashewkerne
Fleur de Sel (Meersalz-Sorte)
3 EL Butter
½ Stange Lauch, in feine Streifen geschnitten
1 Handvoll Enokipilze, geputzt

Zum Servieren

Pfeffer aus der Mühle
Balsamicoreduktion (Rezept siehe Seite 265)

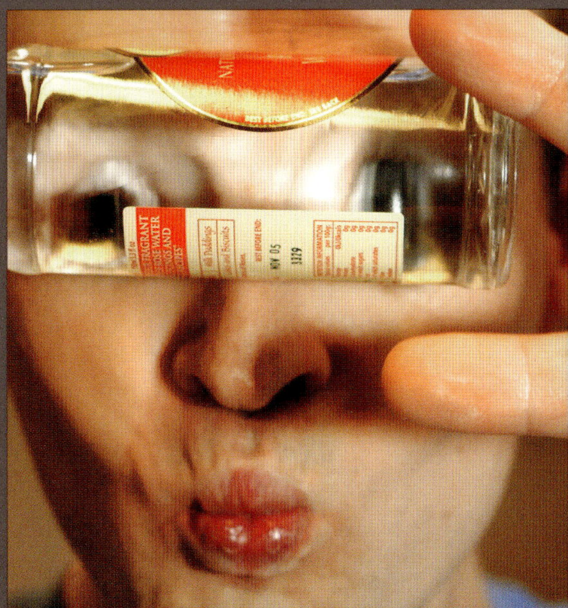

„Rosenwasser gibt es als Getränk in Asia- oder Delikatessenläden. Im Iran wird es wie Limonade getrunken.“

„Ich finde den rötlichen Schimmer der Rotbarbe superappetitlich.“

KNURRHAHN IM SAFRAN-MUSCHELDUFT

KNURRHAHN IM SAFRAN-MUSCHELDUFT*

Zubereitung

Etwa 2 Esslöffel Olivenöl in einem großen, vorgewärmten Topf erhitzen und darin Schalotten, Fenchel, Sellerie, Lauch und Knoblauch glasig anschwitzen. Korianderkörner, Curry, Paprika und Thymian zugeben und etwa 1 Minute anschwitzen.

Die Muscheln in den Topf geben und mit Martini und Weißwein ablöschen. Zugedeckt bei stärkster Hitze zum Kochen bringen und anschließend bei mittlerer Hitze etwa 10 Minuten garen, bis die Muscheln sich geöffnet haben. Vom Herd nehmen.

Die Muscheln aus dem Topf heben, aus den Schalen nehmen und beiseite stellen. (Einige Schalen zum Garnieren aufheben. Geschlossene Muscheln wegwerfen!) Die Hälfte der Gemüsewürfel herausnehmen und beiseite stellen. Den restlichen Topfinhalt durch ein feines Sieb in einen Stieltopf gießen, Safran zugeben und den Muschelfond auf ein Drittel einkochen.

Das Knurrhahnfilet von Gräten befreien, die Haut mit einem scharfen Messer einritzen und mit Salz und Pfeffer würzen. In einer vorgewärmten beschichteten Pfanne den Fisch in Olivenöl erst auf der Hautseite knusprig braun braten, dann wenden. Kurz bevor die hautlose Seite gebräunt ist, die Meerböhnchen zugeben und anschwitzen.

In den Muschelfond 2 Esslöffel Olivenöl und die Butter geben und das Ganze mit dem Pürierstab aufschäumen. Den Spinat, die Tomaten- sowie die Gemüsewürfel und die Muscheln hinzufügen und den Muschelschaum kurz aufkochen lassen.

Zum Servieren die Meerböhnchen auf vorgewärmten Tellern anrichten, Muschelschaum darübergeben und die Knurrhahnfilets obenauf setzen. Mit Muschelschalen, Zitronenkonfit und Tomatenkernen garnieren.

Zutaten

Olivenöl
60 g Schalotten, grob gewürfelt
60 g Fenchel, grob gewürfelt
60 g Staudensellerie, grob gewürfelt
60 g Lauch, in Rauten geschnitten
1 Knoblauchzehe, zerdrückt
1 TL Korianderkörner, zerdrückt
1 Msp. Currypulver
1 Msp. Paprikapulver
1 Sträußchen Thymian
500 g Muscheln (z. B. Venusmuscheln, Austern, Miesmuscheln), geputzt und gewaschen
100 ml Martini Extra Dry
200 ml Weißwein
½ TL Safranfäden
240 g Knurrhahnfilet
Salz
Pfeffer aus der Mühle
60 g Meerböhnchen
1 EL kalte Butter
60 g Blattspinat, grob zerkleinert
60 g Tomaten, gewürfelt, ohne Haut und in Olivenöl eingelegt

Zum Garnieren

Zitronenkonfit und Tomatenkerne

Zitronenkonfit

Unbehandelte Zitronen (Menge nach Belieben)
Meersalz
Zucker
(Zubereitung des Zitronenkonfit siehe folgende Seite)

Zitronenkonfit

Die Zitronen oben und unten 2 cm tief einschneiden. In kochendem Salzwasser 10 Minuten blanchieren. Herausnehmen und abtrocknen. Die Früchte in ein ausreichend großes, dunkles, luftdicht verschließbares Gefäß geben. Zu gleichen Teilen grobes Meersalz und Zucker zugeben und damit die Früchte vollkommen bedecken. Mindestens 3 Monate ziehen lassen.

Danach die Zitronen herausnehmen und nur die gelbe Schale von den Früchten abschälen. In feine Würfel oder Streifen schneiden. Die Zitronenschale in einem luftdichten Gefäß im Kühlschrank aufbewahren. Sie hält sich Monate!

TIPP: Zitronenkonfit bringt ein zusätzliches Aroma auf den Teller. Köstlich zu Fisch, hellem Fleisch oder zu Lamm!

„Muscheln machen müde Geister munter – dank ihres hohen Proteingehalts und mehr als einem Dutzend anderer höchst vitaler Nährstoffe."

SEEZUNGE UND LANGUSTINEN IM BRIKTEIG GEBRATEN AUF KÜRBISPÜREE

SEEZUNGE UND LANGUSTINEN IM BRICKTEIG GEBRATEN AUF KÜRBISPÜRE*

Zubereitung

Das Langustinenschwanzfleisch ausbrechen, den Darm entfernen und beiseite legen. Für die Sauce die Karkassen (Schalen, Scheren usw.) abspülen, zerkleinern und in einem Topf in reichlich Olivenöl 5 Minuten anrösten. Gemüse, Thymian, Knoblauch, Zitrone, Koriander, Sternanis, Curry und Paprika zugeben und etwa 5 Minuten anschwitzen. Mit Salz würzen. Tomate, Weißwein und Martini zugeben. Zum Kochen bringen. Geflügelfond zugießen und auf ein Drittel reduzieren. Die Sauce durch ein feines Sieb passieren und auf etwa 150 Milliliter reduzieren. Etwas kalte Butter mit dem Stabmixer in die Sauce rühren.

Für das Kürbispüree die Schalotte in etwas Butter farblos anschwitzen. Den Kürbis zugeben, kurz anschwitzen. Die Sahne hinzufügen. Mit Salz würzen. Einige Minuten zugedeckt garen, bis der Kürbis weich ist. Mit dem Stabmixer pürieren.

Fischroulade

Das Lachsfilet in kleine Stücke schneiden, mit Eiweiß, Salz und Pfeffer marinieren und im Eisfach durchkühlen lassen. Den Fisch mit der Sahne im Mixer zu einer Farce verarbeiten und 30 Minuten kalt stellen. Gemüsewürfel und Kerbel zugeben. Mit Salz, Pfeffer und Martini abschmecken.

Die Seezunge filetieren. Den Brikteig auf Frischhaltefolie ausbreiten und dünn mit der Farce bestreichen. Die Seezunge (Hautseite nach oben) auf den Teig legen und die Farce 1 cm dick darauf verteilen. Je 1 Langustine quer in die Mitte setzen. Die Roulade mit Hilfe der Folie stramm einrollen, die Folie entfernen und die Roulade in etwas Butter goldbraun braten. Auf einem Gitter 10 Minuten bei 160 °C Umluft im vorgeheizten Ofen weitergaren.

Zum Servieren die Roulade in vier Stücke teilen und auf dem Kürbispüree anrichten. Etwas Sauce angießen.

Zutaten

4 Langustinen (Kaisergranaten)
Olivenöl
Gemischtes Gemüse, fein geschnitten: je 40 g Sellerie, Schalotten, Weißes vom Lauch, Champignons, Fenchel
1 Sträußchen Thymian
1 Knoblauchzehe, zerdrückt
Schale von ½ Zitrone
1 TL Korianderkörner, zerstoßen
1 Sternanis
1 Msp. Currypulver, 1 Msp. Paprikapulver
Fleur de Sel (Meersalz-Sorte)
1 Fleischtomate, zerkleinert
100 ml Weißwein
100 ml Martini Extra Dry
200 ml Geflügel- oder Fischfond
(Rezept siehe Seite 262 und 263)
1 Schalotte, fein gewürfelt
Butter
150 g Kürbisfleisch, gewürfelt
50 ml Sahne

Fischroulade

200 g Lachsfilet
1 Eiweiß
Fleur de Sel, Pfeffer aus der Mühle
150 ml Sahne, eiskalt
3 EL Gemüsewürfel (Karotte, Sellerie, Zucchini), blanchiert
1 EL Kerbel, gehackt
Etwas Martini Extra Dry, reduziert
1 Seezunge, etwa 700 g
2 Blätter Brikteig
Etwas Butter

SEEZUNGE AUF KAPERN-PEPERONATA

SEEZUNGE AUF KAPERN-PEPERONATA*

Zubereitung

Peperonata

Den Backofen auf 160 °C Umluft vorheizen. Die Paprikaschoten halbieren und entkernen. 2 rote und 1 gelbe Hälfte fein würfeln und beiseite legen. Die anderen Schotenhälften auf ein Backblech setzen und 15 bis 20 Minuten in den vorgeheizten Ofen schieben. Herausnehmen, abgedeckt abkühlen lassen und die Haut der Schoten abziehen. Das Fruchtfleisch in Rauten schneiden, beiseite legen.

Für die Peperonata die Kapern abgießen, dabei das Wasser auffangen. Die rohen Paprikawürfel mit den Schalottenwürfeln und dem Knoblauch in 4 Esslöffeln Olivenöl farblos anschwitzen. Mit Martini und 1 Esslöffel Kapernwasser ablöschen. Rosmarin zugeben. Mit Salz würzen. Mit Geflügelfond angießen und zugedeckt einige Minuten schmoren, bis die Paprikawürfel weich sind. Den Rosmarin entnehmen, mit 5 Esslöffeln Olivenöl abschmecken und den Topfinhalt mit einem Stabmixer pürieren. Die Kapern halbieren, dabei die Stiele entfernen und zusammen mit den (gehäuteten) Paprikarauten in die Peperonata geben.

Seezunge und Beilage

Kurz vor dem Servieren die Auberginenscheiben zügig in Olivenöl auf beiden Seiten goldgelb braten. Leicht salzen und auf Küchenpapier abtropfen lassen. Anschließend die Seezungenfilets in schaumiger Butter auf beiden Seiten bräunen und garen. Mit Salz und Pfeffer würzen.

Den Bärlauch in etwas zerlassener brauner Butter dünsten und mit Salz und Pfeffer abschmecken.

Zum Servieren die Auberginenscheiben auf vorgewärmte Teller verteilen und Bärlauch sowie Peperonata darauf anrichten. Die Seezunge obenauf setzen und etwas Fischsauce hinzufügen.

Zutaten

Peperonata

3 rote Paprikaschoten
1 gelbe Paprikaschote
50 g Kapern mit Stiel (aus dem Glas)
1 Schalotte, gewürfelt
¼ Knoblauchzehe, zerdrückt
Olivenöl
3 cl Martini Extra Dry
2 EL Kapernwasser (aus dem Kapernglas)
1 Stängel Rosmarin
Salz
80 ml Geflügelfond (Rezept siehe Seite 262)

Seezunge und Beilage

4 dünne Auberginenscheiben
Olivenöl
4 Seezungenfilets à 80 g
Butter
Salz, Pfeffer aus der Mühle
150 g junge Bärlauchblätter oder frischer Blattspinat
Etwas Fischsauce, aufgeschäumt (Rezept siehe Seite 263)

IM ENTENFETT POCHIERTER SCHOTTENLACHS AUF ENTENKEULEN-KOMPOTT UND KÜMMELKAFFEE

Zubereitung

Die Entenkeulen auf ein mit Olivenöl bestrichenes Backblech geben und bei 200 °C Umluft im Backofen goldbraun braten.

Das Röstgemüse in einem vorgeheizten Topf in etwas Erdnussöl anbraten. Die Entenkeulen, 1 Sträußchen Thymian und die Lorbeerblätter zugeben. 400 Milliliter des Kalbsfonds zugießen (die Keulen sollten bedeckt sein), aufkochen lassen, dann die Keulen zugedeckt so lange schmoren, bis sich das Fleisch leicht vom Knochen lösen lässt. Die Keulen herausnehmen und etwas abkühlen lassen.

Inzwischen den Entenfond durch ein feines Sieb passieren und bei mittlerer Hitze auf 100 Milliliter einkochen lassen. Dabei mehrmals Fett und Schaum an der Oberfläche abschöpfen.

Das Entenfleisch von den Knochen und der Haut lösen und grob zerkleinern. Zum reduzierten Entenfond geben und bei starker Hitze zu einem Kompott verkochen. Mit Salz, Pfeffer und Honig abschmecken.

Den Kümmel abgießen und mit dem restlichen Kalbsfond aufkochen. Den Kaffee darin auflösen und das Ganze auf 60 Milliliter einkochen. Mit Salz und Honig würzen.

Entenfett in einem Topf auf 80 °C erhitzen und darin die Lachsfilets mit dem restlichen Thymiansträußchen etwa 8 Minuten garen. Der Kern des Fisches sollte noch roh, aber warm sein.

Das Entenkeulenkompott mit Hilfe eines Ausstechrings anrichten. Je ein Lachsfilet darauf setzen und mit etwas Fünf-Gewürze-Mischung sowie mit Fleur de Sel bestreuen. Kümmelkaffee und aufgeschäumte Geflügelgrundsauce um das Kompott herumziehen. Mit ein paar Sprossen und Salatblättern garnieren.

Zutaten

3 Entenkeulen
Olivenöl
150 g Röstgemüse (Zwiebel, Karotte, Sellerie, Lauch)
Erdnussöl
2 Sträußchen Thymian
2 Lorbeerblätter
Etwas abgeriebene Zitronenschale
600 ml brauner Kalbsfond (Rezept siehe Seite 260)
Fleur de Sel (Meersalz-Sorte)
Pfeffer aus der Mühle
Blütenhonig
½ TL Kümmel, über Nacht in kaltem Wasser eingeweicht
1 Prise Instantkaffee
300 g ausgelassenes Entenfett
200 g schottisches Lachsfilet, in 4 Stücke geschnitten

Zum Servieren und Garnieren

1 TL Fünf-Gewürze-Mischung (5-Spice-Powder)
Soja- oder andere Sprossen, mit Balsamicoreduktion (Rezept siehe Seite 265) marinierte Salatblätter und Geflügelgrundsauce (Rezept siehe Seite 264)

ANGEL-DORSCH AUF MERGUEZ-BRANADE UND PISTAZIENPESTO

ANGEL-DORSCH AUF MERGUEZ-BRANADE UND PISTAZIENPESTO*

Zubereitung

Merguez-Branade

Die Schalottenwürfel mit dem Knoblauch in etwas Olivenöl farblos anschwitzen. Mit Fischfond ablöschen und aufkochen lassen. Kartoffeln, Lorbeerblatt, Rosmarin und etwas Salz zugeben. Das Ganze abgedeckt bei mittlerer Hitze 8 bis 10 Minuten weich dünsten. Lorbeerblatt, Rosmarin und Knoblauch entfernen. Die Kartoffelmasse mit dem Stabmixer pürieren. Die Sahne und 1 Esslöffel Olivenöl gründlich unterrühren. Die Merguezwürfel erst kurz vor dem Servieren unterrühren und die Branade nochmals mit Salz und Pfeffer abschmecken.

Pesto und Fisch

Pistazien, Marzipan, Parmesan, Knoblauch und 100 Milliliter Olivenöl im Universalzerkleinerer zu einer feinkörnigen Masse hacken. Mit Salz und Pfeffer abschmecken.

Den Fisch in 4 gleich große Teile schneiden und in einer vorgewärmten beschichteten Pfanne in etwas Olivenöl erst auf der Hautseite knusprig braten, dann wenden und gar ziehen lassen.

Zum Servieren die Branade auf vorgewärmte Teller geben und den Fisch obenauf setzen. Etwas Kalbsglace, Fischsauce sowie Pistazienpesto hinzufügen. Nach Belieben ein kleines Stück Merguez dazugeben.

„Die Merguez, eine kleine, pikant gewürzte Bratwurst, stammt aus der marokkanischen Küche und ist in Südspanien und Frankreich sehr beliebt. Ursprünglich wurde sie nur aus Lamm- oder Hammelfleisch hergestellt, heute wird auch Rindfleisch beigemischt."

Zutaten

Merguez-Branade

1 Schalotte, fein gewürfelt
1 Knoblauchzehe, leicht zerdrückt
Olivenöl
250 ml Fischfond (Rezept siehe Seite 263)
250 g Kartoffeln, geschält und in Würfel geschnitten
1 Lorbeerblatt, 1 Stängel Rosmarin
Salz
100 ml Sahne
60 g Merguez (pikante Lammbratwurst), fein gewürfelt
Pfeffer aus der Mühle

Pesto und Fisch

50 g Pistazien
20 g Marzipan
30 g Parmesan, gerieben
½ Knoblauchzehe
Olivenöl, Salz, Peffer
400 g Dorschfilet mit Haut

Zum Servieren

reduzierter Kalbsglace und aufgeschäumte Fischsauce
(Rezepte siehe Seite 261 und 263)

HALBSTARKER SEETEUFEL AN DER GRÄTE AUF MILDEM KNOBLAUCHPÜREE

HALBSTARKER SEETEUFEL AN DER GRÄTE AUF MILDEM KNOBLAUCHPÜREE*

Zubereitung

Die Seeteufel von Haut und Sehnen befreien. Den Backofen auf 160 °C Umluft voheizen.

Den Fisch in Instantmehl wenden und in einer vorgewärmten beschichteten Pfanne in etwas Olivenöl rundum braun anbraten. Den Thymian hinzufügen. Zum Weitergaren die Pfanne etwa 10 Minuten in den vorgeheizten Ofen schieben. Während des Garens den Fisch mehrmals mit dem Öl aus der Pfanne übergießen.

Für das Püree den Knoblauch mit 3 Esslöffeln Olivenöl in einem Stieltopf anschwitzen und mit Sahne übergießen. Mit Salz würzen. Den Knoblauch zugedeckt etwa 20 Minuten weich dünsten. Das Ganze mit einem Stabmixer pürieren und anschließend durch ein Sieb streichen. Warm halten.

Semi-Dörrtomaten

Die Tomatenfilets mit etwas Olivenöl, dem Knoblauch und dem Rosmarinzweig marinieren. Die Filets auf ein mit Backpapier ausgelegtes Backblech setzen und über Nacht bei 70 °C in den Backofen stellen. Die Ofentür einen Spalt offen lassen, damit die entstehende Feuchtigkeit entweichen kann.

Zum Servieren das Knoblauchpüree auf vorgewärmten Tellern verteilen und den Seeteufel darauf anrichten. Mit Dörrtomaten, Balsamicoreduktion und wildem Spargel garnieren. Ganz nach Belieben noch geröstete junge Knoblauchzehen und Salbeiblättchen hinzufügen.

Zutaten

4 Seeteufel, ohne Kopf (à 300 g)
Instantmehl, Olivenöl
1 Sträußchen Thymian
200 g junger Knoblauch, geschält
100 ml Sahne
Fleur de Sel (Meersalz-Sorte)

Semi-Dörrtomaten

1 Tomate, enthäutet und filetiert
Olivenöl
1 TL Knoblauch, fein gewürfelt
1 kleiner Rosmarinzweig

Zum Garnieren

Balsamicoreduktion
(Rezept siehe Seite 265)
Blanchierter wilder Spargel
Salbeiblättchen

GEDÄMPFTER KABELJAURÜCKEN AUF PAPRIKAKRAUT MIT BLUNZENKNÖDEL UND WACHOLDER-JUS

Zubereitung

Für die Blunzenknödel den Grießknödelteig zu kleinen Knödeln formen und diese mit den Blunzenwürfeln füllen. Die Kürbiskerne fein hacken und die Knödel darin wälzen, die Brösel fest andrücken. Die Knödel bei 160 °C in Frittierfett 4 Minuten ausbacken. Herausheben und auf Küchenpapier abtropfen lassen.

Den Kabeljau mit Salz und Pfeffer würzen. In einen Topf, auf den ein Bambusdampfkorb passt, 2 cm hoch Wasser einfüllen und mit den Lorbeerblättern und dem Thymian zum Kochen bringen. Den Kabeljau in einen Dampfkorb legen. Den Korb mit einem Deckel verschließen und auf den Topf stellen. Den Fisch bei starker Hitze 4 bis 6 Minuten dämpfen.

Das Sauerkraut mit dem Paprikapulver unter Rühren erhitzen. Etwas kalte Butter unterrühren. Mit wenig Salz abschmecken.

Die Kalbsglace mit den Wacholderbeeren langsam erhitzen. Die Fischsauce aufkochen und mit einem Pürierstab schaumig schlagen.

Zum Servieren das Kraut mit Hilfe eines Ausstechrings auf vorgewärmte Teller setzen. Den Kabeljau obenauf legen. Knödel zugeben und etwas Kalbsglace sowie Fischschaum angießen. Mit einem frischen Lorbeerblatt garnieren.

„In Bayern und Österreich nennt man Blutwurst auch ‚Blunzen'. Ich liebe diese Wurst! Ich bin mit ‚Himmel und Erde', wozu ja traditionell reichlich Blunzen gehört, aufgewachsen. Meine Großmutter kochte dieses Gericht wirklich zum Niederknien!"

Zutaten

100 g Grießknödelteig (Rezept siehe „Heidschnuckenschulter", Seite 84)
40 g Blunzen (Blutwurst), fein gewürfelt
2 EL Kürbiskerne
Frittierfett
4 Kabeljaurückenfilets (à 100 g)
Fleur de Sel (Meersalz-Sorte)
Pfeffer aus der Mühle
4 Lorbeerblätter
1 Sträußchen Thymian
300 g Sauerkraut, fertig gekocht
1 EL echt ungarisches Paprikapulver
Etwas kalte Butter
80 ml Kalbsglace (Rezept siehe Seite 261)
8 Wacholderbeeren, zerdrückt
100 ml Fischsauce (Rezept siehe Seite 263)

Zum Garnieren

frische Lorbeerblätter

Hengstenberg
Mildessa
Riesling

„Bei Paprikapulver kommt es auf das Erzeugerland an. Ich schwöre auf das Original aus Ungarn. Es eignet sich perfekt für dieses Gericht."

WOLFSBARSCH AUF PISTOU-RISOTTO MIT BOUILLABAISSE-SUD UND KONFIERTEN KIRSCHTOMATEN

WOLFSBARSCH AUF PISTOU-RISOTTO*

Zubereitung

Konfierte Tomaten

Die Kirschtomaten mit dem Knoblauch und Rosmarin in ein tiefes Blech setzen und mit Olivenöl übergießen, sodass die Früchte mindestens bis zur Hälfte im Öl liegen. Die Tomaten gleichmäßig mit etwas Salz bestreuen. Das Blech bei 100 C° etwa 90 Minuten in den Backofen stellen.

Pistou

Alle Zutaten im Universalzerkleinerer pürieren. (Nicht benötigten Pistou kühl und dunkel aufbewahren.)

Risotto, Fischsud und Fisch

In einer Kasserolle die Schalotten in Olivenöl farblos anschwitzen. Den Reis hinzufügen und ebenfalls gut anschwitzen. Mit Weißwein ablöschen und das Ganze etwa 2 Minuten köcheln lassen. Thymian und Lorbeerblatt zugeben und den Geflügelfond zugießen. Mit etwas Salz würzen. Den Risotto etwa 15 Minuten köcheln lassen, dabei ab und zu umrühren. Sollte der Reis zu sehr eindicken, mit Wasser angießen!

Für den Fischsud die Bouillabaise auf 100 Milliliter reduzieren und mit kalter Butter binden.

Den Wolfsbarsch in 4 gleich große Portionen schneiden und in einer vorgewärmten beschichteten Pfanne in etwas Olivenöl erst auf der Hautseite kross braten, dann wenden und die hautlose Seite 1 bis 2 Minuten garen.

Kurz vor dem Servieren so viel Pistou unter den Risotto heben, dass er appetitlich grün wird.

Den Risotto mit dem Fisch auf vorgewärmten Tellern anrichten. Tomaten anlegen, Fischsud angießen und mit Kräutern garnieren.

Zutaten

Konfierte Tomaten

16 Kirschtomaten mit Stiel
1 Knoblauchzehe, leicht zerdrückt
1 Stängel Rosmarin
Olivenöl
Fleur de Sel (Meersalz-Sorte)

Pistou

200 ml Olivenöl
60 g Basilikumblätter
60 g Blattpetersilie, zerkleinert
2 Tassen Kerbelblätter
1 EL Rosmarinblätter, gehackt
1 EL Thymianblätter, gehackt
40 g Parmesan, frisch gerieben
40 g Pinienkerne, geröstet
¼ Knoblauchzehe

Risotto, Fischsud und Fisch

2 Schalotten, gewürfelt
Olivenöl
100 g Risottoreis
60 ml Weißwein
1 Sträußchen frischer Thymian, grob zerkleinert
1 Lorbeerblatt
150 ml Geflügelfond (Rezept siehe Seite 262)
Fleur de Sel
300 ml Bouillabaisse (Rezept siehe Seite 258)
3 EL kalte Butter
400 g Wolfsbarschfilet mit Haut, entschuppt
Zum Garnieren: frische Kräuter

ZANDERFILET MIT GERÄUCHERTER GAMBASKRUSTE IN SOJASAUCE GEBRATEN AUF GEMÜSEMIKADO

ZANDERFILET MIT GERÄUCHERTER GAMBASKRUSTE*

Zubereitung

Zander und Kruste

Das Zanderfilet in 4 gleich große Portionen teilen und mit etwas Sojasauce marinieren.

Für die Kruste alle Gambaswürfel mit 1 Esslöffel Sojasauce, Koriandergrün, Speck und Lachsfarce gründlich vermengen. Mit Salz und Pfeffer abschmecken.

Die Zanderfilets mit Küchenpapier trockentupfen und auf der hautlosen Seite 1 cm dick mit der Gambasmasse bestreichen. Die Filets in einer vorgewärmten beschichteten Pfanne bei mittelerer Hitze in etwas Erdnussöl erst auf der Hautseite kross braten. Dann vorsichtig wenden und 1 Minute auf der Gambasseite braten. Die Pfanne mit dem Fisch für 3 Minuten in den auf 180 °C vorgeheizten Backofen schieben.

Gemüsemikado und Sirup

Die Gemüsestreifen in kochendem Salzwasser blanchieren, abtropfen lassen, dann in schaumig erhitzter Butter mit den Shii-Take schwenken.

Für den Kalbs-Zitronensirup die Kalbsglace, Sojasauce und den Zitronensaft unter gelegentlichem Rühren zu einer sirupartigen Konsistenz einkochen lassen. (Nicht verwendeten Sirup in einem luftdichten Gefäß dunkel und kühl aufbewahren.)

Zum Servieren die Gemüsestreifen auf vorgewärmten Tellern anrichten und je ein Zanderfilet mit halbierten Lauchstängeln obenauf setzen. Um das Ganze etwas Kalbs-Zitronensirup und Kräuteröl ziehen und träufeln.

Zutaten

Zander und Kruste

400 g Zanderfilet mit Haut
Sojasauce
5 frische Gambas, gewürfelt
5 geräucherte Gambas, gewürfelt
1 EL Koriandergrün, gehackt
50 g Bacon-Speck, sehr fein gewürfelt
100 g Lachsfarce (siehe Geflügelfarce von Seite 95)
Fleur de Sel (Meersalz-Sorte), Pfeffer aus der Mühle
Erdnussöl

Gemüsemikadao und Sirup

150 g Gemüse, in Stäbchen geschnitten
(Karotte, Sellerie, gelbe und grüne Zucchini, Lauch)
Salz, Butter
50 g Shii-Take
1 Tasse Kalbsglace (Rezept siehe Seite 261)
1 Tasse Sojasauce, 2 EL Zitronensaft

Zum Garnieren

Kräuteröl (Rezept siehe Seite 264)
Blanchierter junger Lauch

„Wenn ich für mein Gemüsemikado keinen jungen, sehr zarten Lauch bekomme, nehme ich Frühlings- oder Lauchzwiebeln.“

ZANDERFILET AUF KALBSBACKEN-WALDPILZ-GRÖSTL MIT KRÄUTERGNOCCHI

ZANDERFILET AUF KALBSBACKEN-WALDPILZ-GRÖSTL MIT KRÄUTERGNOCCHI*

Zubereitung

Gröstl

Die Kalbsbacke mit der Aufschnittmaschine in dünne Scheiben schneiden und diese dann in Würfel zerteilen. Die Backenwürfel mit den Schalotten und Pilzen in einer vorgewärmten beschichteten Pfanne kurz in Butter anrösten. Mit Aceto balsamico und 4 Esslöffeln Kalbsglace ablöschen. Tomatenconcassé zugeben und das Ganze schwenken.

Gnocchi

Die Schalottenwürfel in Olivenöl glasig dünsten und die Kräuter hinzufügen. Das Ganze bei starker Hitze einkochen lassen, bis der austretende Saft verdampft ist. Die Masse in einem Universalzerkleinerer fein zerkleinern, dann im Eisbad kalt rühren. Die restlichen Zutaten – außer Butter, Mehl zum Bestäuben der Arbeitsfläche und Salz – zugeben und zu einem kompakten Teig verarbeiten.

Die Arbeitsfläche mit Mehl bestäuben. Den Teig behutsam 2 cm dick ausrollen, dann erst in 2 cm breite Streifen und diese anschließend in Würfel schneiden. Jeden Teigwürfel zwischen Zeigefinger und Daumen nehmen und etwas zusammendrücken. Die Gnocchi in kochendes Salzwasser geben und 3 Minuten ziehen lassen. Wenn sie an der Wasseroberfläche schwimmen, herausheben, gut abtropfen lassen und anschließend in heißer Butter schwenken.

Die Zanderfilets leicht salzen und in einer vorgewärmten beschichteten Pfanne bei mittlerer Hitze in etwas Erdnussöl, erst auf der Hautseite kross braten, dann wenden und auf der anderen Seite knusprig braten.

Das Gröstl mit dem Zander auf vorgewärmten Tellern anrichten. Gnocchi, Fischsauce und die restliche Kalbsglace hinzufügen.

Zutaten

Gröstl

150 g kalte geschmorte Kalbsbacke
(siehe Rezept „Rinderbacke“, Seite 120)
1 EL Schalotten, fein zerkleinert
100 g gemischte Waldpilze, gut geputzt
Butter
1 EL 13 Jahre alter Aceto balsamico
100 ml Kalbsglace (Rezept siehe Seite 261)
2 EL Tomaten, abgezogen,
entkernt und in feine Würfel geschnitten

Gnocchi

1 Schalottte, gewürfelt
3 EL Olivenöl
1 Handvoll gemischte frische Kräuter
¼ Knoblauchzehe
2 Eier
80 g Mehl
25 g Parmesan, fein gerieben
150 g Weißbrot, frisch gerieben
Butter
Etwas Mehl zum Bestäuben der Arbeitsfläche
Salz

Zander

400 g Zanderfilet mit Haut
Fleur de Sel (Meersalz-Sorte)
Erdnussöl

Zum Servieren: aufgeschäumte Fischsauce und etwas Kalbsglace (Rezepte siehe Seite 263 und 261)

ZANDERFILET AUF KALBSBACKEN-WALDPILZ-GRÖSTL MIT KRÄUTERGNOCCHI*

ZANDERFILET AUF KALBSBACKEN-WALDPILZ-GRÖSTL MIT KRÄUTERGNOCCHI*

GEGRILLTER STEINBUTT UND GEBUTTERTER HUMMER MIT KARTOFFELPÜ-MILLE-FEUILLE, SAFRANNAGE UND SAUTIERTEN DILLKNOSPEN

GEGRILLTER STEINBUTT UND GEBUTTERTER HUMMER*

Zubereitung

Safrannage

In einer Kasserolle Schalotten, Fenchel, Lauch und Knoblauch in etwas Butter anschwitzen. Thymian, Pfefferbeeren, Korianderkörner und Salz zugeben. Mit Weißwein und Martini ablöschen und auf ein Drittel reduzieren. Fischfond zugießen und das Ganze wiederum auf ein Drittel reduzieren. Die Masse durch ein feines Sieb streichen. Den Safran hinzufügen und mit Butter und Olivenöl montieren (aufschlagen). Warm halten.

Kartoffelpü, Hummer und Fisch

Die Kanakiteigblätter vierteln. Bis auf ein Blatt alle Blätter dünn mit flüssiger Butter bestreichen und übereinander legen. Das unbestrichene Teigblatt aufsetzen, mit Eigelb bestreichen und mit Thymianblättern bestreuen. Streifen von 3 x 10 cm schneiden und bei 180 °C im Backofen 4 Minuten goldbraun backen.

Die Kartoffeln in Salzwasser weich kochen, abgießen und noch heiß mit 50 Gramm Butter in der Küchenmaschine glatt rühren. Die Sahne erhitzen und unterrühren. Das Limonenöl einrühren. Mit Salz abschmecken. Das Püree in einen Spritzsack geben und das Kanakigebäck (wie Schnitten) befüllen.

Einige Basilikumblätter in etwas schaumig zerlassene Butter geben, das Hummerfleisch hinzufügen und kurz erwärmen.

Den Steinbutt mit Erdnussöl einstreichen, mit Salz und Pfeffer würzen und in einer vorgewärmten beschichteten Pfanne bei starker Hitze auf jeder Seite 2 Minuten braten.

Die Dillknospen in wenig Butter anschwitzen. Mit Salz würzen.

Das Gericht auf vorgewärmten Tellern anrichten. Nach Belieben aufgeschäumte Fischsauce angießen.

Zutaten

Safrannage

80 g Schalotten, fein gehackt
50 g Fenchel, fein geschnitten
50 g Weißes vom Lauch, fein geschnitten
1 Knoblauchzehe, zerdrückt
Butter
1 Sträußchen Thymian
5 rosa Pfefferbeeren
10 Korianderkörner, zerstoßen
1 Prise Salz
100 ml Weißwein
80 ml Martini Extra Dry
500 ml Fischfond
Safranfäden
Etwas kalte Butter, Olivenöl

Kartoffelpü, Hummer und Fisch

2 Blätter Kanakiteig (ersatzweise Filoteig oder Yufka)
Etwas flüssige Butter
1 Eigelb, leicht verquirlt
1 TL Thymianblätter, fein zerkleinert
300 g Kartoffeln, geschält und halbiert
Salz
Butter
100 ml Sahne
½ EL Limonenöl oder 1 Msp. konfierte Limonenzeste
(Rezept siehe „Konfierte Zitronen", Seite 169)
Einige Basilikumblätter
1 europäischer Hummer, gekocht, ausgelöst und geviertelt
240 g Atlantik-Steinbuttfilet
Erdnussöl, Pfeffer
2 Handvoll Dillknospen

SWEET 'N SEXY

„ES GIBT DESSERTS, DIE KANN MAN SEHR PURISTISCH ANRICHTEN, WEIL SIE ALLEIN DURCH IHRE NATÜRLICHE FARBENVIELFALT WIRKEN. ODER WEIL SIE SO OPULENT SIND, DASS MAN SIE ETWAS ZURÜCKNEHMEN WILL. IN DER WUNDERBAREN WELT DER DESSERTS SIND DER PHANTASIE JEDENFALLS KEINE GRENZEN GESETZT."

NATUR

Zum süßen Schluss

Süßes macht einfach glücklich, das ist sogar wissenschaftlich belegt! Was also kann es Schöneres geben, als ein leckeres Essen mit einem Dessert abzurunden? Klein und fein, üppig und gehaltvoll, der Phantasie sind dabei kaum Grenzen gesetzt. Allerdings sollten Sie bei der Auswahl des Desserts auf ein harmonische Ausrichtung der ganzen Menüfolge achten. Das Prinzip ist denkbar einfach: Auf einen eher schweren Hauptgang sollte ein leichtes, lockeres Dessert folgen, während man nach einer leichten Hauptspeise schon mal eine sündige Kalorienbombe servieren kann.

Bei meinen Desserts kombiniere ich gerne Gegensätze: Süß und Sauer, kalt und warm, das sind Paare, die den Gaumen gerade nach einem mehrgängigen Menü in Hochstimmung versetzen, weil sie den Gast zum krönenden Abschluss noch ein weiteres Mal überraschen. Schließlich haben Augen und Magen schon eine Reise durch verschiedene Gänge und Geschmacksrichtungen hinter sich! Wenn Sie nun Schoko-Ziegenquark-Ravioli oder Schwarzbier-Eis, Currysoufflé mit Ananas oder Limonencrêpes mit Rosmarinparfait servieren, mögen das auf den ersten Blick ungewöhnliche Kreationen sein. Das einzigartige Geschmackserlebnis wird aber jeden Skeptiker überzeugen. Kombinieren Sie, probieren Sie aus und folgen Sie und lassen Sie sich dabei von Ihrem Gefühl leiten: Kochen muss Spaß machen! Und der Koch, die Köchin, muss offen sein, für verschiedene Einflüsse: Meine Ausgangsbasis mag die französische Küche sein, hinzu kommen aber jede Menge Elemente aus aller Welt, von asiatisch bis mediterran. Was gibt es schöneres, als durch ein etwas „exotischeres" Gericht, das den Gaumen kitzelt, oder durch eine ausgefallene Dekoration an einen tollen Urlaub erinnert zu werden? Dazu eignen sich Nachspeisen perfekt, denn der süße Abschluss eines Menüs sollte sorgfältig präsentiert werden.

Ich lege bei Desserts sehr großen Wert auf die Optik, vielleicht sogar mehr als bei anderen Gerichten. Das heißt aber nicht, dass man sich in einer wahren Dekomanie verlieren sollte. Grundsätzlich kommt es mir beim Arrangieren eines Gerichts vor allem darauf an, die natürliche, harmonische Schönheit, die Frische und die Farbenvielfalt der Zutaten zu unterstützen. Ich verstecke das Produkt nicht, sondern betone es durch die Dekoration, um den Gesamteindruck hervorzuheben – die Liebe zum Detail sollte nicht in Spielerei ausarten. Stundenlang an einer Karotte oder einem Stück Obst herumzuschnitzen, es so lange hin- und herzuköcheln, bis der letzte Rest Eigengeschmack verloren ist, liegt mir nicht. Wenn es soweit kommt, dass man am Ende Trüffelöl oder Fruchtsauce über die eine oder andere Zutat kippen muss, damit das Kunstwerk wieder nach etwas schmeckt, dann ist etwas gründlich falsch gelaufen. Denn bei aller Leidenschaft für Perfektion gilt: Die natürliche Schönheit einer Zutat zählt mehr als jede gekünstelte Optik, die ohnehin nie an die Wirkung des Originals heranreichen kann.

GEEISTES PROSECCOSÜPPCHEN MIT JOGHURT-MOUSSE, MANGO-BERGAMOTTE-SORBET UND BLATTGOLD

Zubereitung

Joghurtmousse

Den Zitronenabrieb und -saft mit Zucker vermischen und erhitzen. Die ausgedrückte Gelatine zugeben und unter kräftigem Rühren auflösen. Den Joghurt unter die Mischung rühren und die Sahne vorsichtig unterheben. Die Mousse 2 cm hoch in Gläser füllen und ins Kühlfach stellen.

Proseccosüppchen

Den Läuterzucker mit einem Viertelliter Prosecco, Vanillemark und Zitronensaft aufkochen. Zucker und Gelfix trocken vermischen und in die kochende Flüssigkeit einrühren. Die Suppe vom Herd nehmen, auskühlen lassen und etwa 3 bis 4 Stunden in den Kühlschrank stellen.

Mango-Bergamotte-Sorbet

Für das Sorbet 75 ml Wasser mit dem Zucker aufkochen. Die Hitze so verringern, dass die Flüssigkeit nicht mehr kocht und so lange rühren, bis der Zucker sich vollständig aufgelöst hat. Den Läuterzucker mit dem Mangomark, dem Limettensaft und der Bergamotte-Essenz gut verrühren. Die Mischung in einer Eismaschine gefrieren, herausnehmen und im Gefrierfach tiefkühlen.

Zum Servieren die Proseccosuppe mit dem restlichen Prosecco vorsichtig verrühren und in die Gläser mit der Joghurtmousse geben. Die Beeren auf die Gläser verteilen. Für jedes Glas eine Nocke Sorbet abstechen und in das Süppchen legen. Mit Blattgold oder Goldpapier garnieren.

„Ein vitaminreiches Dessert, das im Hochsommer erfrischt und in der kalten Jahreszeit den Winter-Blues vertreibt."

Zutaten

Joghurtmousse

Abrieb und Saft von ½ Zitrone
60 g Zucker
2 Blätter Gelatine, in kaltem Wasser eingeweicht
200 g Joghurt
175 g Sahne, geschlagen

Proseccosüppchen

250 ml Läuterzucker
(Wasser und Zucker im Verhältnis 1:1)
300 ml Prosecco
Mark von 1 Vanillestange
Saft von ¼ Zitrone
15 g Zucker
6 g Gelfix

Mango-Bergamotte-Sorbet

75 g Zucker
250 g Mangomark
Saft von ½ Limette
½ TL Bergamotte-Essenz

Zum Servieren und Garnieren

200 g gemischte Beeren
1 Blatt Blattgold oder Goldpapier

SCHOKOLADEN-ZIEGENQUARK-RAVIOLI AUF EINEM RAGOUT VON BIRNEN UND FENCHEL MIT VANILLESCHAUM

Zubereitung

Ravioliteig

Mehl, Kakaopulver, Puderzucker, Eier und Salz in einer Schüssel rasch vermengen, dann nach und nach unter ständigem Rühren 4 bis 5 Esslöffel Wasser hinzufügen, bis eine homogene Masse entstanden ist. (Man kann den Teig von Hand mit einem Holzlöffel oder in der Küchenmaschine mit dem Knethaken zubereiten.)

Den Teig mit einem Tuch oder einer Folie bedecken und mindestens 1 Stunde im Kühlschrank ruhen lassen.

Anschließend den Teig mit einem Teigroller auf einer bemehlten Arbeitsfläche 1 bis 2 mm dünn ausrollen; die Arbeitsfläche und den Roller dabei häufig bemehlen. Mit einem Ausstecher oder einem Glas von 6 cm Durchmesser Teigscheiben ausstechen und nebeneinander aufreihen. Die Scheiben mit dem verquirlten Ei gleichmäßig bestreichen.

Füllung

Alle Zutaten gründlich verrühren und die Ziegenquarkmasse in einen Spritzsack füllen. In die Mitte jeder Teigscheibe einen etwa haselnussgroßen Klecks Füllung setzen. Den oberen Teil jeder Scheibe auf den unteren Teil klappen und die Teigränder zwischen Daumen und Zeigefinger zusammendrücken. Hierbei sehr sorgfältig arbeiten, denn die Ravioli müssen beim Kochen fest geschlossen bleiben!

In einer Stielkasserolle 1,5 Liter Wasser mit dem Würfelzucker und Kaffeebohnen zum Sieden bringen. Die Ravioli zugeben und 2 bis 3 Minuten garen. Mit dem Schaumlöffel herausheben.

Die Ravioli mit dem Birnen-Fenchel-Ragout und Vanilleschaum auf vorgewärmten Tellern anrichten und sofort servieren.

Zutaten

Ravioliteig

200 g Mehl
40 g Kakaopulver ohne Zucker
20 g Puderzucker
2 Eier
1 Prise Salz
Mehl für die Arbeitsfläche; verquirltes Ei zum Bestreichen

Füllung

100 g Ziegenquark
1 Eigelb
1 EL Waldhonig
Abgeriebene Schale von 1 Limone
Mark von 1 Vanilleschote
10 Blätter Basilikum, fein zerkleinert
Zum Garen: 5 Stücke Würfelzucker und
10 Kaffeebohnen, gestoßen

Birnen-Fenchel-Ragout

2 Birnen
½ Fenchelknolle (etwa 150 g)
30 g Butter
50 g Honig oder brauner Rohrzucker
1 Vanillestange, aufgeschnitten
3 Tropfen Mandelöl
60 ml Weißwein, 40 ml Birnengeist

Vanilleschaum

100 ml Vollmilch
1 EL Honig
Mark von 1 Vanilleschote

SCHOKOLADEN-ZIEGENQUARK-RAVIOLI*

Birnen-Fenchel-Ragout

Die Birnen schälen, entkernen und der Länge nach in Scheiben schneiden. Den Fenchel von Fäden befreien und längs in Form der Birnen schneiden.

Birnen und Fenchel mit Butter, Honig und Vanilleschote anschwitzen. (Falls weiche Birnen verwendet werden, diese einige Minuten später als den Fenchel anschwitzen.) Mandelöl zugeben und mit Weißwein ablöschen. Bei geringer Hitze 5 bis 8 Minuten garen, bis Birnen und Fenchel weich sind; dabei glacieren (mit der im Topf befindlichen Flüssigkeit überglänzen beziehungsweise beträufeln). Das Ganze mit Birnengeist ablöschen und nochmals glacieren.

Vanilleschaum

Milch, Honig und Vanillemark aufkochen. Anschließend mit dem Pürierstab sehr schaumig rühren.

SCHOKOLADEN-ZIEGENQUARK-RAVIOLI*

GEBRANNTER PROSECCOSCHAUM MIT KOMBUCHA-BEEREN

GEBRANNTER PROSECCOSCHAUM MIT KOMBUCHA-BEEREN*

Zubereitung

Proseccoschaum

Prosecco und Limettensaft mischen. 150 Milliliter dieser Mischung mit der abgeriebenen Limonenschale und der Crème fraîche aufkochen.

Die restlichen 50 Milliliter der Mischung mit 50 Gramm Zucker und dem Mehl vermengen und unter ständigem Rühren aufkochen lassen. Vom Herd nehmen und einige Sekunden abkühlen lassen. Rasch die Eigelbe untermischen und das Ganze vorsichtig unter die restliche der Prosecco-Limonen-Mischung geben. Die ausgedrückte Gelatine unterrühren.

Die Eiweiße zunächst nur halb steif schlagen und dabei den restlichen Zucker nach und nach zugeben. Anschließend ganz steif schlagen und vorsichtig unter die Proseccomasse heben. 8 Tortenringe mit einem Durchmesser von 6 cm mit Biskuitboden auslegen. Die Tortenringe nun bis zum Rand mit dem Proseccoschaum füllen und etwa 2 Stunden kalt stellen.

Kombucha-Beeren

Die Götterspeise nicht – wie auf der Packung angegeben – mit Wasser, sondern mit Carpe Diem Kombucha zubereiten. Dabei etwas Kombucha beiseite stellen. Den Pudding anschließend erkalten lassen und durch ein Sieb streichen. Mit den Beeren, etwas Prosecco und dem restlichen Kombucha mischen.

Zum Servieren die Ringe mit einem kleinen Messer vom Proseccoschaum lösen und auf vorgekühlte Teller gleiten lassen. Kurz vor dem Servieren den Proseccoschaum mit Puderzucker bestreuen und mit einem Gasbrenner gratinieren. Die Kombucha-Beeren zugeben und das Ganze eiskalt servieren. Ein erfrischendes Dessert!

Zutaten

Proseccoschaum

150 ml Prosecco
50 ml Limettensaft
Abgeriebene Schale von ½ Limone
250 g Crème fraîche
250 g Zucker
30 g Mehl
6 Eigelbe, leicht verrührt
3 Blätter Gelatine, in kaltem Wasser eingeweicht
6 Eiweiße
1 Biskuitboden, 1 cm dick

Kombucha-Beeren

1 Päckchen Götterspeise mit Zitronengeschmack
200 ml Carpe Diem Kombucha
250 g gemischte Beeren
Etwas Prosecco

ALLES RHABARBER!
RHABARBER-TEE, -MANDELTARTE, -GRATIN, -RAGOUT UND -SORBET

Zubereitung

Rhabarbertee

Den Rhabarber mit dem Zucker vermengen und in einem Heißentsafter entsaften (dauert etwa 1 Stunde). Den Saft anschließend mit Vanillemark verrühren und aufkochen.

Die Gewürze grob zerstoßen und in Teebeutel füllen. Die Beutel mit Holzspießen verschließen, in kleine Gläser hängen und mit kochendem Rhabarbersaft auffüllen. Einige Himbeeren oder Waldbeeren in die Gläser geben.

Rhabarber-Mandeltarte

Alle Zutaten – außer denen für den Belag – in der Küchenmaschine schaumig schlagen. Die Mandelmasse in beschichtete Förmchen (etwa 6 cm Durchmesser) füllen.

Die Rhabarberstückchen 5 mm vom Rand beginnend auf die Mandelmasse legen. Mit Puderzucker bestäuben und die Tarten bei 200 °C Umluft etwa 8 Minuten goldbraun backen. Herausnehmen, etwas auskühlen lassen und vorsichtig stürzen. Zum Garnieren nochmals mit Puderzucker bestäuben.

Rhabarberragout

Für den Fond den Zucker in einem kleinen Stieltopf zu einem hellen Karamell kochen. Den Weißwein zugießen und aufwallen lassen; dabei rühren, damit der Karamell sich vollkommen auflöst. Die Rhabarberwürfel zugeben. Vom Herd nehmen und etwa 10 Minuten ziehen lassen.

Den Backofen auf 80 °C Umluft vorheizen. Die Rhabarberrauten auf ein tiefes Blech geben. Himbeeren, Gewürze und Abrieb darauf verteilen. Den noch heißen Fond durch ein Sieb über den Rhabarber und die Himbeeren gießen. Das Blech mit Alufolie abdecken und für 1 Stunde in den vorgeheizten Ofen schieben.

Zutaten

Rhabarbertee

1 kg Rhabarber, ungeschält in kleine Stücke geschnitten

400 g Zucker

Mark von 1 Vanilleschote

3 Zimtstangen

3 Sternanis

6 schwarze Pfefferkörner

Etwas Orangenschale

Himbeeren oder Waldbeeren

Rhabarber-Mandeltarte

125 g Zucker

125 g weiche Butter

190 g Mandelstaub (sehr fein gemahlene Mandeln)

25 g Cremepulver

1 EL Rum oder Geschmackslikör bzw. -brand

190 g verrührtes Vollei (4 mittelgroße Eier)

Für den Belag: 4 zarte Stangen Rhabarber, in kleine Stücke geschnitten, Puderzucker

Rhabarberragout

50 g Zucker

200 ml Weißwein

2 gehäufte EL Rhabarber, klein gewürfelt

200 g Rhabarber, ungeschält in Rauten geschnitten

50 g Himbeeren, tiefgekühlt

1 Zimtstange, grob zerkleinert

2 Nelken, 1 Sternanis

1 Vanilleschote, ausgekratzt

Etwas abgeriebene Orangen- und Zitronenschale

5 g Speisestärke, in etwas Wasser aufgelöst

„Gegensätze ziehen sich an und das ist aucb bei Desserts so. Man sollte immer süß und sauer oder kalt und warm in einem Dessert vereinen!"

Mit der Zeit wird sich auf dem Backblech Saft anasammeln. Eine kleine Tasse davon abnehmen, in einem kleinen Topf aufkochen lassen und mit der Speisestärke binden.

Die Rhabarber-Himbeermischung kalt stellen; vorher die Gewürze entfernen. Kurz vor dem Anrichten auf Küchenpapier abtropfen lassen und mit dem angedickten Saft verrühren.

Zum Servieren mit zwei Löffeln Nocken von dem Rhabarberragout abstechen.

Rhabarbergratin

Eigelb, Vanillemark und Zucker im Wasserbad unter ständigem Rühren auf etwa 40 bis 50 °C erwärmen. Anschließend mit dem Rührbesen kalt schlagen, bis die Gratinmasse hell, cremig und luftig ist. Die Sahne unterheben. Abgedeckt kühl stellen.

Das Rhabarberragout in kleine, feuerfeste Schalen geben. Die Gratinmasse dünn darüber geben und das Ganze im offenen Ofen bei Oberhitze oder unter dem Grill gratinieren. Mit Puderzucker bestäuben.

Rhabarbersorbet

Den Rhabarber mit dem Zucker vermengen und mindestens eine halbe Stunde bei Zimmertemperatur ziehen lassen.

Die Rhabarber-Zucker-Mischung mit dem Weißwein in einem Topf zum Kochen bringen. So lange köcheln lassen, bis der Rhabarber weich ist. Die Mischung anschließend zusammen mit den Himbeeren im Mixer pürieren. Das Püree durch ein feines Sieb streichen, auskühlen lassen und in einer Sorbetmaschine gefrieren. Zum Servieren das Sorbet in Nocken abstechen.

Rhabarbergratin

120 g Eigelb (etwa 7 Eigelbe)
Mark von 1 Vanilleschote
80 g Zucker
200 ml Sahne, steif geschlagen
Rhabarber-Ragout, ohne Gewürze und angedickten Saft
(Rezept siehe Seite 211)
Puderzucker

Rhabarbersorbet

400 g Rhabarber, ungeschält in kleine Stücke geschnitten
150 g Zucker
1 Tasse Weißwein
50 g Himbeeren

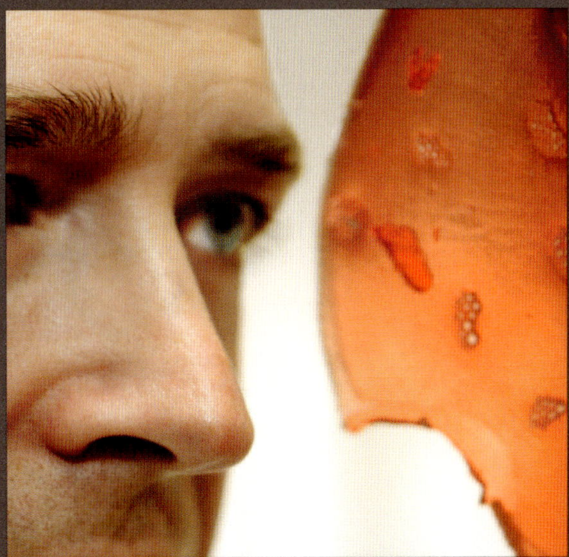

IM HAUCHDÜNNEN STRUDEL GEBACKENE LAVENDELCREME AUF BROMBEERCOULIS MIT RAHMEIS

Zubereitung

Lavendelcreme

Die Milch mit den Lavendelblüten zum Kochen bringen. Zucker, Eigelbe, Mehl und Mondamin in einer Schüssel mit einem Teil der heißen Milch glatt rühren, dann unter ständigem Rühren in die restliche Milch einfließen lassen. Bei mittlerer Hitze rühren, bis sich eine dickliche Puddingmasse bildet. Vom Herd nehmen, abkühlen lassen und durch ein Sieb streichen. Kalt stellen.

Rahmeis

Die Eigelbe mit dem Zucker schaumig rühren. Honig und Sahne zugeben. Die Masse in einer Eismaschine gefrieren. In eine Gefrierdose füllen und tiefkühlen.

Brombeercoulis

Alle Zutaten in einem Stieltopf mischen und zum Kochen bringen. Dann pürieren, durch ein Sieb drücken und kalt stellen.

Strudel

Sechs Kanakiblätter nebeneinander legen, vier Blätter dünn mit Butter bestreichen. Jeweils zwei mit Butter bestrichene Blätter übereinander legen, die beiden übrigen Blätter darauf legen und mit Eigelb bestreichen. Mit einem Löffel Lavendelcremehäufchen im Abstand von 10 cm auf eine der Teigplatten setzen.

Die zweite Teiglage mit dem Eigelb nach oben vorsichtig über die Häufchen legen und andrücken. Mit einem gezackten Ausstecher (wie bei Ravioli) kleine Strudel ausstechen und auf ein mit Backpapier ausgelegtes Backblech setzen. Den Backofen auf 200 °C Umluft vorheizen und bei Umluft 4 bis 6 Minuten goldbraun backen. Noch warm mit Puderzucker bestäuben.

Zum Servieren die Strudel auf Brombeercoulis-Spiegel setzen. Rahmeis-Nocken zugeben. Mit Beeren und Minze garnieren.

Zutaten

Lavendelcreme

500 ml Milch
1 TL getrocknete Lavendelblüten
100 g Zucker
4 Eigelbe
25 g Mehl
25 g Mondamin

Rahmeis

4 Eigelbe
100 g Zucker
25 g Tannenhonig
500 ml Sahne

Brombeercoulis

250 g Brombeeren
70 g Zucker
4 cl Rotwein
1 cl Cassislikör
Saft von ½ Zitrone

Strudel

1 Päckchen Kanakiteig (griechischer Strudelteig)
200 g Butter, zerlassen
2 Eigelbe, leicht verrührt

Zum Garnieren

Puderzucker, Beeren,
frische Minzeblätter

MOHNKUCHEN MIT SCHWARZBIER-EIS UND PREISELBEERREDUKTION

MOHNKUCHEN MIT SCHWARZBIER-EIS UND PREISELBEERREDUKTION*

Zubereitung

Mohnkuchen

Für den Teig Butter, Eigelbe, 60 Gramm Zucker, Zimt, abgeriebene Zitronenschale und Salz in der Küchenmaschine schaumig rühren.

Den Mohn im Mörser oder Universalzerkleinerer zerstoßen. Das Eiweiß halb steif schlagen und den restlichen Zucker nach und nach unter den Eischnee schlagen. Anschließend weiterschlagen, bis der Eischnee fest ist.

Den Eischnee behutsam unter den schaumigen Teig heben und den Mohn sowie den Haselnussgrieß unterziehen.

Den Teig in eine beschichtete, schmale Form füllen (oder die Form mit Backpapier auskleiden) und bei 175 °C Umluft 20 Minuten backen. Herausnehmen, kurz abkühlen lassen, aber noch warm aus der Form stürzen. Portionieren und mit Puderzucker bestäuben. Lauwarm servieren.

Schwarzbier-Eis

Eigelbe mit Honig und Zucker gut schaumig rühren. Das Bier aufkochen und auf einen Viertelliter einkochen.

Einen Schöpfkelle voll Bier in die Eigelbmasse geben und zügig vermengen. Diese Mischung zum restlichen Bier geben und das Ganze unter ständigem Rühren auf 78 °C erhitzen und „zur Rose abziehen": Einen Holzlöffel kurz in die Masse tauchen und auf die anhaftende Creme blasen. Fließt sie rosenartig auseinander, ist die Creme fertig. Ansonsten: weiterrühren. Die Masse aber auf keinen Fall zu stark erhitzen, sonst stocken die Eier!

Die Creme anschließend in einer Eismaschine gefrieren. Herausnehmen und tiefkühlen.

Zutaten

Mohnkuchen

160 g weiche Butter
7 Eier, Eigelbe und Eiweiße getrennt
190 g Zucker
1 Msp. Zimt
Abgeriebene Schale von ½ Zitrone
1 Prise Salz
250 g Blaumohn
100 g Haselnussgrieß
(fein gemahlene Haselnüsse)

Zum Garnieren

Puderzucker

Schwarzbier-Eis

6 Eigelbe
3 EL Honig
100 g Zucker
500 ml dunkles Bier
500 ml Sahne
(Rezept für Preiselbeereduktion siehe folgende Seite)

„Der Mohnkuchen zergeht auf der Zunge! Die Kombination mit der leicht säuerlichen Preiselbeerreduktion und dem Schwarzbier-Eis schafft ein perfektes Geschmackserlebnis."

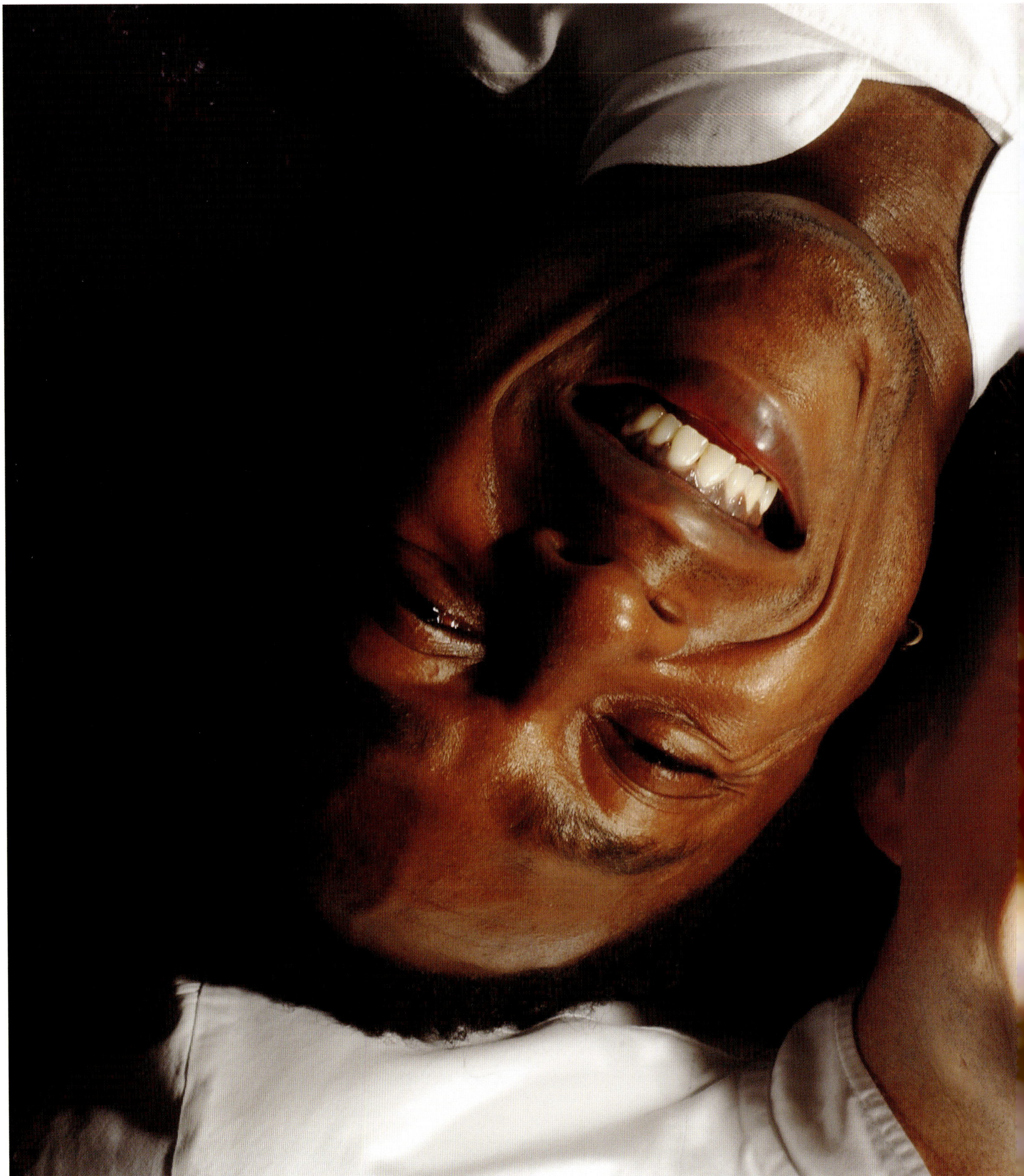

MOHNKUCHEN MIT SCHWARZBIER-EIS UND PREISELBEERREDUKTION*

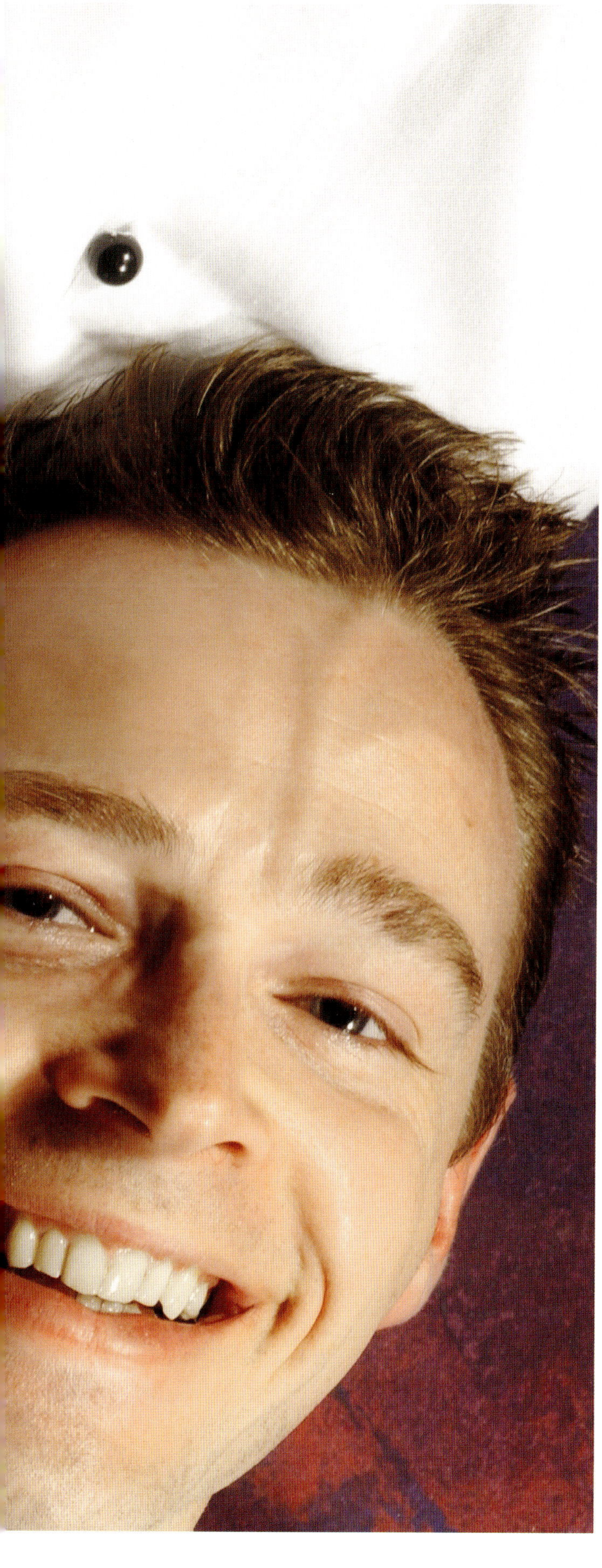

Preiselbeerreduktion

100 g Preiselbeeren, frisch

100 ml roter Portwein

50 g Honig

20 g Rübenkraut

1 Sternanis

1 Zimtstange

1 Lorbeerblatt

Preiselbeerreduktion

Die Preiselbeeren in ein gut verschließbares Gefäß (zum Beispiel in eine Gefrierdose) geben.

Den Portwein mit Honig, Rübenkraut, Sternanis, Zimtstange und Lorbeerblatt zum Kochen bringen und sofort auf die Preiselbeeren gießen. Das Gefäß verschließen. Die Preiselbeeren mindestens 2 Tage im Kühlschrank marinieren lassen.

Sternanis, Zimtstange und Lorbeerblatt herausnehmen. Die Preiselbeeren mit einem Pürierstab zerkleinern und durch ein Passiertuch tropfen lassen.

Den Saft in einem Stieltopf bis zu einer sirupartigen Konsistenz einkochen lassen.

Zum Servieren die Preiselbeerreduktion auf die Teller verteilen. Ein Stück lauwarmen Mohnkuchen darauf setzen. Eine Kugel Schwarzbier-Eis mit einem heißen Löffel abstechen und hinzufügen. Sofort servieren.

TIPP: An Stelle des Portweins kann man für die Preiselreduktion auch Kirsch- oder Traubensaft verwenden.

HIMBEER-KOKOS-TÖRTCHEN MIT BAISER, PASSIONSFRUCHT-SÜPPCHEN UND TAHITI-VANILLE

Zubereitung

Passionsfrucht-Süppchen

Alle Zutaten in einer Schüssel gründlich verrühren. Zudecken und kalt stellen.

Kokos-Törtchen

Zucker, Ei und Butter in der Küchenmaschine schaumig schlagen. Mandelstaub, Cremepulver, Batida und Kokosflocken zugeben und gut 5 Minuten lang verquirlen. Den Teig auf ein mit Backpapier ausgelegtes Backblech 3 cm hoch ausstreichen und bei 170 °C etwa 10 Minuten hellgelb backen (Gartest mit einem Holzstäbchen machen: Einstechen, wenn nichts anhaftet ist der Boden fertig.) Herausnehmen und abkühlen lassen.

Baiser

Den Zucker mit einer halben Tasse Wasser auf 106 °C erhitzen. Das Eiweiß in die Rührschüssel der Küchenmaschine geben und den heißen Zucker unter ständigem Schlagen mit dem Rührbesen langsam zugeben. Anschließend die Masse schlagen, bis sie kalt ist. Die Baisermasse in einen Spritzsack füllen.

Den Kokosboden rund ausstechen und die Himbeeren darauf setzen. Ein Baiserhäubchen obenauf setzen mit einem Gasbrenner oder im Backofen (Oberhitze/Grill) gratinieren.

Zum Servieren das Passionsfrucht-Süppchen in vorgekühlte tiefe Teller geben und jeweils ein Törtchen hineinsetzen.

„Manche Köche verlieren sich in einer Garnierungsmanie. Ich mag das Schlichte. Die meisten Gerichte sind an sich so schön, dass ein grünes Blättchen als i-Tüpfelchen vollkommen reicht.“

Zutaten

Passionsfrucht-Süppchen

300 ml Passionsfruchtsaft
Waldhonig nach Geschmack
Fruchtmark samt Kernen von 10 Passionsfrüchten
Mark von 1 Tahiti-Vanille

Kokos-Törtchen

200 g Zucker
300 g Vollei (etwa 6 Eier)
200 g Butter
100 g Mandelstaub (fein gemahlene Mandeln)
40 g Cremepulver
2 cl Batida de coco
200 g Kokosflocken
Frische Himbeeren

Baiser

125 g Zucker
2 Eiweiße

GEBRANNTER LIMONENCRÊPES MIT ROSMARINPARFAIT

GEBRANNTER LIMONENCRÊPES MIT ROSMARINPARFAIT*

Zubereitung

Rosmarinparfait

Den Zucker mit 110 Milliliter Wasser zum Kochen bringen und etwa 3 Minuten kochen lassen. Die Eigelbe in die Rührschüssel der Küchenmaschine geben.

Die heiße Zuckerlösung erst tröpfchenweise, dann in etwas größeren Portionen unter ständigem, schnellem Rühren zu den Eigelben geben. Rosmarin hinzufügen. In schnellem Tempo weiterrühren, bis die Masse Zimmertemperatur hat. Nun die Sahne steif schlagen und unter die Ei-Zucker-Masse heben. Das Parfait in kleine Formen füllen und im Eisfach oder Tiefkühlgerät etwa 4 Stunden gefrieren lassen.

Crêpes-Teig

Alle Zutaten gründlich verrühren. Den Teig in einer beschichteten Pfanne zu hauchdünnen Crêpes ausbacken. Auf einem Kuchengitter auskühlen lassen.

Creme für die Crêpes

Crème fraîche mit dem Zucker, etwas Grand Manier und dem Limonenabrieb unter Rühren gerade so leicht erwärmen, dass sich der Zucker auflöst. Die ausgedrückte Gelatine zugeben, verrühren und die Masse auf Eiswasser so lange rühren, bis sie anzieht, also langsam fest zu werden beginnt. Den Eischnee unterheben.

Die Crêpes einzeln auf Klarsichtfolie legen und die Creme darauf verteilen. Die Crêpes einrollen und in Folie gewickelt etwa 2 Stunden in den Kühlschrank stellen.

Zum Servieren die Crêpes aus der Folie nehmen, mit Puderzucker bestäuben und diesen mit einem Gasbrenner karamellisieren.

Zutaten

Rosmarinparfait

150 g Zucker
8 Eigelbe
1 TL frischer Rosmarin, gehackt
500 ml Sahne

Crêpes-Teig

150 g Mehl
4 Eier
500 ml Milch
500 ml Sahne
50 g Nussbutter (gebräunte Butter)
30 g Zucker
1 Prise Salz
Etwas Vanillemark
Abgeriebene Schale von ¼ Limone

Creme für die Crêpes

200 g Crème fraîche
80 g Zucker
Etwas Grand Manier
1 TL abgeriebene Limonenschale
3 Blätter Gelatine, in kaltes Wasser eingeweicht
3 Eiweiße, steif geschlagen

Zum Servieren

Puderzucker

CURRYSOUFFLÉ MIT EINEM SPOOM VON KANDIERTER ANANAS UND SAFRAN

CURRYSOUFFLÉ MIT EINEM SPOOM VON KANDIERTER ANANAS UND SAFRAN*

Zubereitung

Soufflé

Den Backofen auf 180 °C vorheizen. Die Soufflé-Formen mit Butter ausstreichen und mit Zucker ausstreuen. Beiseite stellen.

Von der Milch 4 Esslöffel abnehmen. Die restliche Milch in einen größeren Topf geben und zum Kochen bringen. In einer Schüssel das Mehl, 60 Gramm Zucker, das Currypulver und die 4 Esslöffel Milch mit einem Schneebesen mischen. Etwas kochend heiße Milch hineinschlagen und die Mischung unter ständigem Schlagen in die restliche heiße Milch gießen. Das Ganze 2 Minuten durchkochen, dann vom Herd nehmen. Die Butter hineinschlagen, den Topf zudecken und 15 Minuten abkühlen lassen.

Die Eier trennen und die Eigelbe unter die Soufflé-Masse im Topf schlagen. Das Eiweiß halb steif schlagen. Den restlichen Zucker (für besseren Halt) hinzufügen und weiterschlagen, bis der Eischnee sehr fest ist. Die Soufflé-Masse auf den Eischnee gießen und vorsichtig unterheben.

Den Soufflé-Teig in die vorbereiteten Förmchen füllen (nur halb voll!), leicht mit Puderzucker bestreuen und etwa 20 Minuten im vorgeheizten Backofen goldgelb backen. Herausnehmen und zusammen mit dem Spoom sofort servieren.

„Das richtige Timing ist beim Kochen wichtig, ganz besonders aber bei Soufflés. Weil sie schnell zusammenfallen, muss alles, was dazu gereicht wird, fix und fertig parat sein, wenn die Förmchen aus dem Ofen kommen."

Zutaten

Soufflé

Butter und Zucker für die Formen

250 ml Milch

45 g feines Auszugsmehl

80 g Zucker

1 TL mildes Currypulver

20 g Butter

4 Eier

Puderzucker

(Rezept für Spoom siehe folgende Seite)

„Bei der Königin der Tropenfrüchte gilt: Erst den Schopf ab, dann schälen und zum Schluss das harte Kernfleisch entfernen."

Spoom

Der Spoom muss mindestens einen Tag vor dem Servieren vorbereitet werden!

Das Ananasfruchtfleisch in haselnussgroße Stücke schneiden und mit dem Puderzucker vermengen.

Ein Backblech mit Backpapier auslegen und die Ananasstücke so darauf verteilen, dass sie nicht übereinander liegen. Die Ananas im Backofen bei 60 bis 70 °C 14 bis 16 Stunden kandieren; dabei die Ofentür einen Spalt offen stehen lassen.

Am nächsten Tag den Martini mit den Safranfäden und dem Vanillemark in einen Topf geben und um ein Drittel einkochen lassen.

Die Ananasstücke und den Ananassaft im Mixer fein pürieren, dann durch ein feines Sieb streichen. Die Martinireduktion zugeben und gut verrühren. Die Masse in einer Sorbetmaschine gefrieren.

In der Zwischenzeit den Zucker mit 1 Esslöffel Wasser auf 120°C erhitzen und langsam unter ständigem Rühren mit einem Handrührgerät zum Eiweiß geben. Nun das Ganze zu einem festen Eischnee bis zum Erkalten weiterschlagen.

Sobald die Ananasmasse in der Maschine gefroren ist, herausnehmen und den Eischnee zügig unterheben.

Den Spoom in Schüsselchen füllen und bis zum Servieren im Gefrierfach tiefkühlen.

Spoom

250 g frisches Ananasfruchtfleisch
90 g Puderzucker
30 ml Martini Dry
½ Msp. Safranfäden
Mark von ½ Vanilleschote
75 ml Ananassaft
1 Eiweiße
25 g Zucker

Zum Dekorieren

Safranfäden und Ananasblätter

APRIKOSEN-MANDELTARTE MIT ROSMARIN-BUTTERMILCH-EIS

„So sieht es aus, wenn der Fotograf probiert und ihm erst dann auffällt, dass das Foto noch nicht im Kasten ist … Ich kann ihn irgendwie verstehen!"

APRIKOSEN-MANDELTARTE MIT ROSMARIN-BUTTERMILCH-EIS*

Zubereitung

Aprikosen-Mandeltarte

Alle Zutaten – außer den Aprikosen und dem Puderzucker – in der Küchenmaschine schaumig schlagen. Die Mandelmasse in beschichtete Förmchen (etwa 10 cm Durchmesser) füllen.

Die Aprikosen waschen, halbieren, vom Kern befreien und in Scheiben schneiden. Die Fruchtscheiben etwa 5 mm vom Rand beginnend auf die Mandelmasse legen. Mit Puderzucker bestäuben und die Tarten bei 200 °C Umluft etwa 10 Minuten goldbraun backen. Herausnehmen, etwas auskühlen lassen und vorsichtig stürzen.

Rosmarin-Buttermilch-Eis

Die Eigelbe mit dem Zucker schaumig schlagen. Milch und Buttermilch aufkochen und unter ständigem Rühren langsam in die Eigelb-Zucker-Mischung geben. Dann im Wasserbad rühren und „zur Rose abziehen": Einen Holzlöffel kurz in die Masse tauchen und auf die anhaftende Creme blasen. Fließt sie rosenartig auseinander, ist die Creme fertig. Ansonsten: weiterrühren. Die Masse auf keinen Fall zu stark erhitzen (maximal bis 78 °C), sonst stocken die Eier!

Die Creme durch ein Sieb gießen, abkühlen lassen und in einer Eismaschine gefrieren. Herausnehmen und bis zum Servieren tiefgekühlt aufbewahren.

Zum Servieren die Tarten mit Puderzucker bestäuben und mit dem Eis auf einem Aprikosencoulis-Spiegel anrichten. Rezept siehe „Brombeercoulis", Seite 215.

TIPP: Statt mit Rosmarin kann man das Eis auch mit anderen Kräutern zubereiten, zum Beispiel mit Zitronenthymian oder Basilikum. Schmeckt köstlich!

Zutaten

Aprikosen-Mandeltarte

125 g Zucker

125 g weiche Butter

190 g Mandelstaub (fein gemahlene Mandeln)

25 g Cremepulver (Vanillepuddimg)

1 EL Rum oder Geschmackslikör

190 g verrührtes Vollei (etwa 4 mittelgroße Eier)

8 Aprikosen

Puderzucker

Rosmarin-Buttermilch-Eis

6 Eigelbe

100 g Zucker

250 ml Milch

250 ml Buttermilch

1 TL Rosmarin, gehackt

MACÉDOINE VON ANANAS, FENCHEL, MANGO UND PAPRIKA MIT ESTRAGON-EIS

MACÉDOINE VON ANANAS, FENCHEL, MANGO UND PAPRIKA*

Zubereitung

Estragon-Eis

Eigelbe und Zucker schaumig rühren. Honig, Sahne und Estragon zugeben und die Masse in einer Eismaschine gefrieren. Herausnehmen und sofort servieren.

Macédoine

Die Paprikahälfte 20 Minuten bei 160 °C im Backofen schmoren. Herausnehmen, die Haut abziehen und das Fruchtfleisch in kleine Würfel schneiden.

Ananas-, Mango-, Fenchel- und Paprikawürfel mischen und mit etwas Puderzucker und Grand Manier abschmecken.

Chips

Die Ananas gründlich schälen. Auf einer Aufschnittmaschine in sehr feine Scheiben schneiden, durch den Läuterzucker ziehen und nebeneinander in einen Vakuumsack legen und vakuumieren. Zum Pochieren den Beutel mit den Ananasscheiben anschließend 1 Minute in kochendes Wasser legen.

Die Ananasscheiben aus dem Beutel nehmen und auf einem mit Backpapier ausgelegten Backblech nebeneinander reihen. Bei 80 °C im Backofen trocknen; dabei die Ofentür einen Spalt offen stehen lassen, damit die Feuchtigkeit entweichen kann.

Zum Servieren die Macédoine mit dem Estragon-Eis und den Chips auf vorgekühlten Tellern anrichten.

TIPP: Wer die Macédoine (so nennt man eine Speise aus gemischten Früchten – oder auch aus gemischten Gemüsen) als perfekt geformte Törtchen servieren möchte, kann unter die Früchte in Fruchtsaft aufgelöste Gelatine ziehen und diese Mischung in Dessertringe oder Förmchen füllen.

Zutaten

Estragon-Eis

4 Eigelbe
100 g Zucker
25 g Tannenhonig
500 ml Sahne
1 EL Estragonblätter, gehackt

Macédoine

½ rote Paprikaschote, entkernt
100 g Babyananas, gewürfelt
100 g Thaimango, gewürfelt
50 g Fenchel, gewürfelt
Etwas Puderzucker
1 cl Grand Manier

Chips

1 Babyananas
100 ml Läuterzucker
(Wasser und Zucker im Verhältnis 1:1)

SCHOKOLADENFONDANT MIT PASSIONSFRUCHT-SORBET

SCHOKOLADENFONDANT MIT PASSIONSFRUCHT-SORBET*

Zubereitung

Schokoladenfondant

Bitterkuvertüre und Butter in einer Schüssel über dem Wasserbad auflösen. Zucker, Eigelbe und Ei schaumig schlagen und unter die aufgelöste Kuvertüremasse rühren. Anschließend das steif geschlagene Eiweiß vorsichtig unterheben.

Die Masse in eine feuerfeste Form geben und bei 160 °C etwa 45 Minuten backen. Lauwarm servieren.

Passionsfrucht-Sorbet

Den Zucker mit 100 Milliter Wasser erhitzen und so lange verrühren, bis sich der Zucker aufgelöst hat. Auskühlen lassen.

Die ausgedrückte Gelatine in dem noch warmen Zuckersirup auflösen. Passionsfruchtmark mit Zuckersirup gründlich vermischen und in einer Sorbetmaschine gefrieren. Sofort servieren.

Zum Servieren den Fondant rund ausstechen und mit Sorbetnocken und einem Röllchen Schokolade anrichten.

„Wenn ich mir ein Menü ausdenke, überlege ich genau, was als Dessert dazupasst. Nach üppigen Gängen gibt es etwas Leichtes. Diese eigentlich unverzichtbare Kalorienbombe lässt sich dagegen gut mit einer eher leichten Speisefolge kombinieren."

Zutaten

Schokoladenfondant

250 g Bitterkuvertüre
250 g Butter
250 g Zucker
3–4 Eigelbe
1 Ei
250 g Eiweiß

Passionsfrucht-Sorbet

100 g Zucker
1 Blatt Gelatine, in kaltes Wasser eingeweicht
300 ml Passionsfruchtmark

SCHOKOLADENKROKANT-RÖLLCHEN MIT HOLUNDERBLÜTENMOUSSE GEFÜLLT UND MIT PORTWEIN-CHILI-SABAYON SERVIERT

Zubereitung

Schokoladenkrokant-Röllchen

Für die Röllchen Butter und Zucker schaumig schlagen. Den Orangensaft einrühren, die restlichen Zutaten zugeben und sehr gründlich verrühren. Über Nacht im Kühlschrank ruhen lassen.

Ein Backblech mit Backpapier auslegen. Aus dünnem Kunststoff eine Schablone (wie ein Passepartout) mit einem Innendurchmesser von 10 x 14 cm scheiden. Den Backofen auf 180 °C vorheizen.

Mit einem Löffel kleine Häufchen des Röllchenteigs auf das Backpapier verteilen und jeweils in der Schablone sehr dünn und rechteckig ausstreichen. Zwischen dem ausgestrichenen Teig muss ausreichend Platz bleiben, weil er beim Backen noch etwas auseinander läuft!

Die dünnen Böden 10 Minuten im vorgeheizten Ofen backen. Herausnehmen und auf dem Blech einige Sekunden abkühlen lassen. Jeden Boden in noch warmem Zustand um einen 2 cm dicken Kochlöffelstiel wickeln und vorsichtig abziehen. An einen trockenen Platz legen.

Holunderblütensekt

Den Zucker mit 3 Litern Wasser aufkochen und so lange rühren, bis er sich aufgelöst hat. Auskühlen lassen.

Die Zuckerlösung und alle restlichen Zutaten in einem Gärtank miteinander verrühren. Den Tank an einem kühlen Ort lagern. Nach dem Gärprozess, der etwa 3 Wochen dauert, können Sie Ihren Gästen einen fruchtig-frischen Sekt kredenzen.

Den Sekt durch ein feines Sieb filtern und in Flaschen mit Bügelverschluss füllen. Im Kühlschrank aufbewahren.

Zutaten

Schokoladenkrokant-Röllchen

75 g weiche Butter

200 g Zucker

80 ml Orangensaft

25 g Mehl

25 g Kakaopulver

25 g Mandeln, gehackt

75 g Mandeln, gemahlen

Holunderblütensekt

600 g Zucker

3 l Wein

70 ml Weinhefe

2 TL Weinsteinsäure

3 l Holunderblüten (3 Litermaße voll)

(Rezept für Holunderblütenschaum und Sabayon siehe folge Seite)

„Die Zeit für Holunderblüten ist leider kurz. Daher lohnt es sich, dieses wunderbare Aroma in Form von Holundersekt oder Sirup zu konservieren."

Holunderblütenschaum

Holunderblütensekt erwärmen und die ausgedrückte Gelatine darin auflösen. Im Eisbad anschließend so lange kalt rühren, bis die Gelatinemasse geliert.

Die Crème fraîche mit der Crème double aufschlagen und unter das Holunderblütengelee heben.

Das Eiweiß in der Küchenmaschine halb steif schlagen. Unter ständigem Rühren den Zucker nach und nach zugeben. So lange weiterschlagen, bis der Eischnee steif ist. Unter die Holundermasse heben und 1 bis 2 Stunden kalt stellen.

Sabayon

Den Portwein zum Kochen bringen und auf 100 Milliliter reduzieren. Die Eigelbe mit dem Zucker schaumig schlagen und in die warme Portweinreduktion rühren.

Das Ganze in eine Rührschüssel füllen und im Wasserbad bei 85 °C einige Minuten mit dem Schneebesen aufschlagen, bis eine mit dem Schneebesen gebildete Struktur in der Schaummasse stehen bleibt. Nicht zu lang schlagen, sonst gerinnt das Ei und die Masse flockt aus! Vom Wasserbad nehmen.

Die Chilischote halbieren, von den Kernen befreien und ausspülen. In sehr feine Würfel schneiden und unter die Sabayon rühren. Warm servieren.

Zum Servieren die Krokantröllchen mit Hilfe eines Spritzsackes mit dem Holunderblütenschaum füllen. Die Röllchen mit der noch warmen Sabayon anrichten.

TIPP: Als Garnitur empfehle ich mit Tempurateig ausgebackene Holunderblüten.

Holunderblütenschaum

80 ml Holunderblütensekt
3 Blätter Gelatine, in kaltem Wasser eingeweicht
200 g Crème fraîche
150 g Crème double
3 Eiweiße
110 g Zucker

Sabayon

200 ml Portwein
3 Eigelbe
30 g Zucker
½ Chilischote

SCHOKOLADENRÖLLCHEN MIT WALDMEISTER-SCHOKOMOUSSE GEFÜLLT

Zubereitung

Die Schokolade für die Röllchen schmelzen und temperieren, sodass sich die Masse gut ausstreichen lässt.

Auf 12 x 8 cm großen Backpapierausschnitten gleichmäßig ausstreichen und vorsichtig zusammenlegen, sodass ein Röllchen entsteht. Im Kühlschrank gut auskühlen lassen.

Waldmeister-Schokomousse

Die Schokolade in einer Schüssel im Wasserbad schmelzen.

Ei, Eigelb und Zucker in einem anderen Wasserbad warm schlagen. Die ausgedrückte Gelatine und den Waldmeister zugeben und das Ganze mit einem Schneebesen schlagen, bis die Mischung Zimmertemperatur hat.

Die Ei-Zucker-Mischung unter die Schokolade rühren. Die Schlagsahne unterheben. 2 Stunden kalt stellen.

Zum Servieren die Mousse in einen Spritzbeutel füllen und in die Schoko-Röllchen füllen. Auf vorgekühlten Tellern anrichten und mit frischen Beeren und Waldmeisterblättern garniern.

„Frischen Waldmeister wickele ich mindestens einen Tag lang in Tücher ein, um ihn auf schonende Weise welken zu lassen. Erst dadurch entfalten die Blätter ihren wunderbaren typischen Geschmack."

Zutaten

300 g weiße Schokolade

Waldmeister-Schokomousse

200 g weiße Schokolade
1 Ei, 1 Eigelb
20 g Zucker
2 Blätter Gelatine, in kaltem Wasser eingeweicht
1 EL getrockneter Waldmeister, gehackt
250 ml Sahne, frisch geschlagen

Zum Garnieren

einige Waldbeeren und frische Waldmeisterblätter

TARTE TATIN VON ANANAS MIT KOKOS-EIS UND ROSENKARAMELL

TARTE TATIN VON ANANAS MIT KOKOS-EIS UND ROSENKARAMELL*

Zubereitung

Rosenkaramell

Den Zucker in einer Stielkasserolle bei starker Hitze karamellisieren und mit dem Rosenwasser ablöschen. Das Vanillemark zugeben. Das Ganze einkochen lassen, bis die Masse eine sirupartige Konsistenz hat.

Kokos-Eis

Die Milch mit dem Honig in einem Topf zum Kochen bringen. Eigelbe und Zucker in einer Schüssel schaumig rühren und in die kochende Honigmilch geben. Die Mischung bei geringer Hitze ständig rühren, bis eine dickflüssige Creme entstanden ist. (Sie darf dabei aber nicht kochen!) Die Creme anschließend durch ein Sieb in eine Schüssel gießen und abkühlen lassen. Den Kokossirup einrühren und die Eiscrememasse in einer Eismaschine gefrieren.

Tarte Tatin

Den Backofen auf 200 °C Umluft vorheizen. In vier kleinen, runden Pfännchen (10 bis 12 cm Durchmesser) aus Butter und Zucker jeweils einen goldbraunen Karamell herstellen. Je eine Ananasscheibe in den Karamell legen.

Den Blätterteig ausrollen, in pfännchengroße Stücke teilen und damit die Ananas bedecken. Die Tartes im vorgeheizten Ofen 18 bis 20 Minuten backen, bis der Teig goldbraun ist. Den in den Pfännchen beim Backen entstandene Saft auf einer heißen Herdplatte unter ständiger sanfter Bewegung der Pfännchen einkochen, bis kein Saft mehr am Rand der Förmchen zu sehen ist. Erst dann kann man die Tarten stürzen, indem man sie mit einem Topfdeckel abdeckt und sie rasch umdreht. Die Tarte nun auf einen Teller gleiten lassen (Ananas nach oben). Mit je einer Nocke Eis und einem Teelöffel Rosenkaramell anrichten und noch warm servieren.

Zutaten

Rosenkaramell

60 g Zucker
125 ml Rosenwasser
Mark von 1 Vanilleschote

Kokos-Eis

500 ml Milch
2 EL Honig
5 Eigelbe
100 g Zucker
3 EL Kokosnusssirup

Tarte Tatin

80 g Butter
150 g Zucker
4 Scheiben Ananas, 3 cm dick, ohne Schale
200 g Blätterteig

PARFAIT VON MAIKRÄUTERN MIT MANDEL-ORANGEN-RÖLLCHEN UND LAUWARMEM ZITRONENKUCHEN

PARFAIT VON MAIKRÄUTERN MIT MANDEL-ORANGEN-RÖLLCHEN*

Zubereitung

Parfait

Die Waldmeisterblätter 2 Tage in einer abgedeckten Schüssel welken lassen (oder flach in ein Tuch einwickeln). Erst dann entfaltet das Würzkraut seinen typischen Geschmack!

Basilikum, Estragon, Melisse und Pimpernell in siedendem Wasser blanchieren. In Eiswasser abschrecken. Die Kräuter sehr gut ausdrücken und mit dem Thymian sowie dem Waldmeister im Mixer pürieren. Das Kräuterpüree durch ein sehr feines Sieb streichen.

Den Zucker mit 110 Milliliter Wasser zum Kochen bringen und etwa 3 Minuten kochen lassen. Inzwischen die Eigelbe in die Rührschüssel der Küchenmaschine geben.

Die heiße Zuckerlösung erst tröpfchenweise, dann in etwas größeren Portionen unter ständigem, schnellem Rühren in die Eigelbmasse geben. In schnellem Tempo weiterrühren, bis die Masse Zimmertemperatur hat. Sahne und Kräuterpüree unter die Ei-Zucker-Masse heben. Das Parfait in kleine Formen füllen und im Eisfach etwa 4 Stunden gefrieren.

TIPP: Bei manchen Gerichten – so auch bei diesem – ist das Mengenverhältnis der Zutaten sehr wichtig. In diesem Fall misst man die Mengen am einfachsten mit einer handelsüblichen Kaffee- oder Teetasse beziehungsweise mit einem Esslöffel ab. Für Perfektionisten: Das offizielle Standardtassenmaß fasst 250 Milliliter Flüssigkeit.

Mandel-Orangen-Röllchen

Die Butter mit dem Zucker in der Küchenmaschine schaumig schlagen. Orangensaft, abgeriebene Orangenschale, Mehl und Mandeln unterrühren, kühl stellen.

Zutaten

Parfait

1 Tasse Waldmeisterblätter

2 Tassen Basilikumblätter

½ Tasse Estragonblätter

½ Tasse Melissenblätter

2 EL Pimpernellblätter (Bibernelle)

½ EL Thymianblätter

150 g Zucker

8 Eigelbe

500 ml Sahne, steif geschlagen

Mandel-Orangen-Röllchen

125 g weiche Butter

225 g Zucker

125 ml Orangensaft

Abgeriebene Schale von ½ Orange

65 g Mehl

125 g Mandeln, gemahlen

PARFAIT VON MAIKRÄUTERN MIT MANDEL-ORANGEN-RÖLLCHEN*

Den Backofen auf 180 °C Umluft vorheizen. Ein Backblech mit Backpapier auslegen. Aus dünnem Kunststoff eine Schablone (wie ein Passepartout) mit einem Innendurchmesser von 10 x 14 cm schneiden. Mit einem kleinen Löffel Häufchen des Röllchenteigs auf das Blech setzen und mit Hilfe der Schablone sehr dünn und rechteckig ausstreichen. Zwischen dem ausgestrichenen Teig muss ausreichend Platz bleiben, weil er beim Backen noch etwas auseinander läuft.

Die dünnen Böden im vorgeheizten Ofen etwa 8 Minuten goldbraun backen. Herausnehmen und auf dem Blech einige Sekunden abkühlen lassen. Jeden Boden noch im warmen Zustand um einen 2 cm dicken Kochlöffelstiel wickeln und vorsichtig abziehen. Trocken lagern.

Mürbteigboden

Butter, Zucker und das Ei gut verrühren. Die restlichen Zutaten zugeben und schnell zu einem Teig verkneten. Kalt stellen.

Den ausgekühlten Teig etwa 3 mm dünn ausrollen und in eine beschichtete Tarteform legen (oder ein Blech mit Butter bepinseln und mit Mehl gleichmäßig dünn bestäuben). Über den Formenrand ragenden Teig abschneiden.

Den Backofen auf 140 °C Umluft vorheizen. Zum Blindbacken den Teig mit Alufolie bedecken, mit trockenen Hülsenfrüchten (zum Beispiel Linsen) befüllen und 30 bis 40 Minuten im vorgeheizten Ofen goldbraun backen. Herausnehmen, in der Form auskühlen lassen. Hülsenfrüchte und Folie entfernen.

Füllung für den Zitronenkuchen

Eier und Zucker in der Küchenmaschine schaumig schlagen. Zitronenabrieb und -saft unterrühren. Crème fraîche mit einem Schneebesen steif schlagen und unterheben. Die Masse auf den vorgebackenen Mürbteigboden streichen. Bei 130 °C Umluft etwa 35 Minuten backen. Möglichst lauwarm servieren.

Zum Servieren den Kuchen portionieren. Das Parfait in Nocken abstechen und mit den Mandel-Orangen-Röllchen anrichten.

Mürbteigboden

250 g Butter

125 g Zucker

1 Ei

375 g Mehl

1 Prise Salz

1 Spritzer Zitronensaft

Füllung für den Zitronenkuchen

2 Eier

35 g Zucker

Abgeriebene Schale von 2 Zitronen

Saft von 1 Zitrone

250 g Crème fraîche

SCHMAND-TARTE MIT HAGEBUTTEN-APFEL-GELEE, HIMBEERSORBET UND BASILIKUMÖL

Zubereitung

Mürbteigboden

Butter, Zucker und das Ei gut verrühren. Die restlichen Zutaten zugeben und schnell zu einem Teig verkneten. Kalt stellen.

Den ausgekühlten Teig etwa 3 mm dünn ausrollen und in eine beschichtete Tarteform legen (oder ein Blech mit Butter bepinseln und mit Mehl gleichmäßig dünn bestäuben). Über den Rand der Form ragenden Teig abschneiden.

Den Backofen auf 140 °C Umluft vorheizen. Zum Blindbacken den Teig mit Alufolie bedecken, mit Hülsenfrüchten (zum Beispiel Linsen) befüllen und 30 bis 40 Minuten im vorgeheizten Ofen goldbraun backen. Herausnehmen, in der Form auskühlen lassen. Hülsenfrüchte und Folie entfernen.

Schmand-Creme

Alle Zutaten gründlich verrühren. Die Masse 3 bis 4 cm hoch auf dem vorgebackenen Mürbteigboden gleichmäßig verteilen.

Die Tarte im Ofen bei 170 °C Umluft exakt 10 Minuten backen. Die Schmandoberfläche soll keine Farbe bekommen! Den Kuchen herausnehmen und in der Form auskühlen lassen. Anschließend erst auf ein mit Backpapier bedecktes Blech, dann auf ein Schneidbrett stürzen. Die Tarte rund ausstechen oder einfach mit einem Messer in Portionen schneiden.

Apfel-Hagebutten-Gelee

Den Apfelsaft mit den Würzzutaten kräftig aufkochen lassen. Vom Herd nehmen. Teebeutel einlegen und 10 Minuten ziehen lassen. Die ausgedrückte Gelatine in der Flüssigkeit auflösen.

Die Masse durch ein sehr feines Sieb passieren und gleichmäßig etwa 3 mm hoch auf ein glattes Kunststofftablett gießen.

Zutaten

Mürbteigboden

250 g Butter
125 g Zucker
1 Ei
375 g Mehl
1 Prise Salz
1 Spritzer Zitronensaft

Schmand-Creme

350 g Schmand
50 g Zucker
1 Ei
15 g Cremepulver
Abgeriebene Schale von 1 Zitrone
Mark von 1 Vanilleschote

Apfel-Hagebutten-Gelee

300 ml Apfelsaft
1 Zimtstange
1 Sternanis
1 Msp. Vanillemark
1 frisches Lorbeerblatt
Etwas Zitronenschale
6 Beutel Hagebuttentee
8 Blätter Gelatine, in kaltes Wasser eingeweicht

(Rezepte für Himbeersorbet, Vanilleschaum und Basilikumöl siehe folgende Seite)

SCHMAND-TARTE MIT HAGEBUTTEN-APFEL-GELEE*

Das Gelee zum Durchkühlen gut 1 Stunde in den Kühlschrank stellen.

Das ausgekühlte Gelee mit einem Spachtel vorsichtig in Bahnen abheben und auf die Schmand-Tarte setzen.

Himbeersorbet

Den Zucker mit 150 Milliliter Wasser erhitzen und so lange rühren, bis sich der Zucker vollkommen aufgelöst hat. Den Zuckersirup vom Herd nehmen und auskühlen lassen.

Himbeermark und Zuckersirup verrühren und in einer Sorbetmaschine gefrieren.

Vanilleschaum

Alle Zutaten auf etwa 85 °C erhitzen und mit einem Zauberstab (Stabmixer) schaumig rühren.

Basilikumöl

Die Basilikumblätter abzupfen und einige Sekunden lang in kochendem Wasser blanchieren. In Eiswasser abschrecken, abtropfen lassen und gründlich ausdrücken.

Das Basilikum mit dem Öl im Mixer pürieren und das Püree über Nacht zugedeckt in den Kühlschrank stellen.

Das Basilikumöl aus dem Kühlschrank nehmen und warten, bis es Zimmertemperatur angenommen hat. Dann durch ein Passiertuch oder Küchenpapier filtern. In einer fest verschließbaren Flasche kühl und dunkel aufbewahren.

Zum Servieren die Tarte-Portionen auf vorgekühlte Teller setzen und mit Himbeersorbet und Basilikumöl anrichten. Mit frischen Himbeeren, Vanilleschaum und Minzeblättern garnieren.

Himbeersorbet

150 g Zucker

500 g Himbeermark

Vanilleschaum

150 ml Milch

50 g Tannenhonig

Mark von 1 Vanilleschote

Basilikumöl

1 Bund frisches, aromatisches Basilikum

200 ml Olivenöl

Zum Garnieren

frische Himbeeren und Minzeblätter

„Basilikum wird bei Desserts häufig verwendet. Ob es vielleicht daran liegt, dass das Königskraut glücklich macht und als Aphrodisiakum gilt?"

PARFAIT VON CHILI UND ROSA INGWER MIT ZWIEBEL-LITSCHI-RAGOUT UND KOKOS-LIMONEN-CAIPIRINHA

Zubereitung

Parfait

Den braunen Zucker mit 50 Milliliter Wasser zum Kochen bringen und 3 Minuten kochen lassen.

Die Eigelbe in die Rührschüssel der Küchenmaschine geben. Die heiße Zuckerlösung erst tröpfchenweise, dann in etwas größeren Portionen unter ständigem schnellen Rühren in die Eigelbmasse geben. In hohem Tempo weiterrühren, bis die Masse Zimmertemperatur hat. Die Chili- und Ingwerwürfel zugeben und die steif geschlagene Sahne unterheben. Das Parfait anschließend in Cocktailtumbler füllen und im Eisfach etwa 4 Stunden frieren.

Zwiebel-Litschi-Ragout

Die Zwiebeln und die Vanilleschote mit dem Läuterzucker aufkochen. Vom Herd nehmen, 20 Minuten ziehen lassen, dann die Zwiebeln abtropfen lassen und in einer beschichteten Pfanne mit dem Lauch und den Litschi erhitzen. Beiseite stellen.

Kokos-Limonen-Caipirinha

Die Eigelbe mit der Kokospaste verrühren. Das Puddingpulver mit 40 Milliliter Milch anrühren. Die restliche Milch mit dem Limonensaft zum Kochen bringen und mit dem angerührten Puddingpulver abbinden. Vom Herd nehmen und die Eigelb-Kokos-Mischung zügig einrühren. Wenn die Masse zu stocken beginnt, die Sahne und den Cachaça unterrühren. Die Masse in eine Whip-Flasche füllen und eine Sahnekapsel einschrauben.

Zum Servieren etwas braunen Zucker auf das gefrorene Parfait streuen und mit einem Gasbrenner karamellisieren. Jeweils 2 Esslöffel Zwiebel-Litschi-Ragout auf die Karamellschicht setzen. Das Espuma (den Schaum) in das Glas schäumen. Sofort servieren.

Zutaten

Parfait

70 g brauner Zucker
4 Eigelbe
40 g eingelegter rosa Ingwer, in feine Würfel geschnitten
½ Chilischote, entkernt und in feine Würfel geschnitten
250 ml Sahne, steif geschlagen

Zwiebel-Litschi-Ragout

80 g frische Perlzwiebeln, geschält und halbiert
1 Vanilleschote, halbiert
150 ml Läuterzucker
(Wasser und Zucker im Verhältnis 1:1)
40 g Lauch, in kleine Rauten geschnitten
120 g entkernte Litschi

Kokos-Limonen-Caipirinha

3 Eigelbe
30 g süße Kokospaste
2 EL Puddingpulver
100 ml Milch
Saft von 1 Limone
100 ml Sahne
2 cl Cachaça (brasilianischer Zuckerrohrschnaps)

Zum Servieren

etwas braunen Zucker

TOMATENDESSERT MIT TOPFENSTANGERL UND BASILIKUM-EIS

TOMATENDESSERT MIT TOPFENSTANGERL*

Zubereitung

300 Gramm der roten Tomaten mit Honig vermischen. Die Masse anschließend mit den Basilikumblättern in ein Tuch geben und über einer Schüssel eine Nacht lang abhängen.

Das Tomatenwasser mit der Sahne mischen und erhitzen. Mit einem Pürierstab zu einer homogenen Masse schlagen. Die eingeweichte Gelatine darin auflösen und im Eisbad bis zum Anziehen rühren. In Tassen abfüllen und mindestens 1 Stunde kaltstellen.

Den Rest der Tomaten (200 Gramm) blanchieren, abziehen, vierteln und von Kernen befreien. In Würfel schneiden, mit Läuterzucker und Vanillemark vermengen und über Nacht im Kühlschrank marinieren. Vor dem Anrichten abtropfen lassen.

Die gelben Tomaten mit Olivenöl marinieren und mit Puderzucker bestäuben. Auf einem mit Backpapier ausgelegtem Blech im Backofen bei 65 °C über Nacht im Ofen trocknen.

Topfenstangerlfüllung

Ei, Eigelb und Zucker schaumig schlagen. Alle anderen Zutaten zugeben und gut verrühren. Mit schwarzem Pfeffer würzen und in einen Spritzsack füllen.

Die Frühlingsrollenblätter ausbreiten und mit Eiweiß bestreichen. Je eine Bahn Topfenmasse auf die Blätter dressieren und stramm einrollen. Kurz vor dem Servieren im Tiefenfett bei 160 °C ausbacken. Auf einem Küchenkrepp abtropfen und mit Puderzucker bestäuben.

Zutaten

Tomatendessert

500 g reife Tomaten, enthäutet, Stielansatz entfernt
3 EL Honig
1 Handvoll Basilikumblätter, frisch gezupft
50 ml Tomatenwasser
50 ml Sahne
1 Blatt Gelatine
100 ml Läuterzucker
(Wasser und Zucker im Verhältnis 1:1)
Mark von 1 Vanilleschote
3 gelbe Tomaten
Olivenöl
Puderzucker

Tomatencreme

40 g Zucker
150 ml Sahne, geschlagen

Topfenstangerlfüllung

1 Ei, 1 Eigelb
1 EL Zucker
300 g Topfen oder Quark
25 g Butter
70 g Mie de Pain / Geriebenes Weißbrot
Saft und Abrieb von ½ Zitrone
Schwarzer Pfeffer aus der Mühle
4 Blätter Frühlingsrollenteig
2 Eiweiß zum Bestreichen
Tiefenfett zum Ausbacken
Puderzucker

„Um neue Geschmackserlebnisse zu schaffen, muss man manchmal um die Ecke denken können. Normalerweise wären die Tomaten wohl auf einer Pizza gelandet..."

Basilikum-Eis

Die Eigelbe und den Zucker schaumig schlagen. Die Milch aufkochen und in das Ei-Zuckergemisch einrühren. Auf einem Wasserbad zur „Rose" abziehen, mit Tomatenwasser verrühren, passieren und in einer Eismaschine gefrieren. Kurz vor dem Herausnehmen Basilikum zugeben.

Basilikum-Eis

8 Eigelbe
200 g Zucker
500 ml Milch
250 ml Tomatenwasser
1 EL Basilikum, gehackt

BOUILLABAISSE

Zutaten

300 g Fischkarkassen, gewässert

200 g Langustinenkarkassen, gewaschen und zerstoßen

55 g Schalotten, in feine Scheiben geschnitten

30 g Staudensellerie, klein geschnitten

30 g Fenchel, klein geschnitten

45 g Frische Tomaten, gewürfelt

Etwas Zitrone, ohne Schale

1 Zweig Thymian

3 Weiße Champignons

1 Knoblauchzehe

1 Sternanis

Je 1 Msp. Safranpulver, Paprika, Curry

1 TL Korianderkörner, zerdrückt

1 Prise Meersalz

1 cl Pernod

5 cl Weißwein

3 cl Martini Extra Dry

500 ml Fischfond

100 ml Geflügelfond

Olivenöl

Etwas Petersilie, frisch gehackt, sowie Knoblauch

Zubereitung

Die Langustinenkarkassen in reichlich heißem Öl hellbraun anbraten. Gemüse, Gewürze und Kräuter zugeben und 4 Minuten mit anschwitzen. Fischkarkassen, Salz, Wein, Martini und Pernod zugeben, aufkochen und 5 Minuten kochen lassen.

Fonds zugeben, wieder aufkochen und 20 Minuten köcheln lassen. Durch ein feines Sieb passieren. Nicht abfetten!

Kurz vor dem Servieren Petersilie und Knoblauch zugeben.

BEAUJOLAISBUTTER-EIS

Zutaten

1l Wein

300 g Zucker

20 Eigelbe

500 g Butter

Zubereitung

Den Wein aufkochen. Zucker und Eigelbe schaumig schlagen. Butter in einer Rührmaschine schaumig schlagen und Ei-Zucker-Masse nach und nach unterrühren. Den Wein langsam unter ständigem Rühren einlaufen lassen. Weiterschlagen bis die Masse etwas abgekühlt ist. In einer Eismaschine frieren.

CAFÉ DE PARIS-BUTTER

Zutaten

2,5 kg Butter

200 g Schalotten, sehr fein gewürfelt

250 g Petersilie, gehackt

20 g Dill, gehackt

10 g Majoran, gehackt

5 g Thymian, gehackt

5 g Rosmarin, gehackt

2,5 g Basilikum, gehackt und fritiert

6 cl Worchestersauce

15 g Senfpulver

10 g Pfeffer, gestoßen

20 g Paprikapulver

85 g Gewürzmischung (siehe Seite 259)

55 g Knoblauch, fein gehackt

10 cl Zitronensaft

130 g Pommery Senf

Zubereitung

Die Butter einige Stunden in der Küche temperieren und anschließend in einer Rührmaschine 8 bis 10 Minuten aufschlagen. Alle übrigen Zutaten zugeben und weitere 3 Minuten rühren. Die Butter abfüllen und einfrieren. Bei Bedarf auftauen.

GEWÜRZMISCHUNG

Zutaten

12 g Koriander

6 g Majoran

3 g Kardamon

3 g Muskat

3 g Nelken

12 g weißer Pfeffer

12 g Cayennepfeffer

12 g Lorbeer

12 g Thymian

12 g Basilikum

12 g Ingwer

Zubereitung

Alle Zutaten in einer Gewürzmühle fein mahlen. Anschließend nach Geschmack mit feinem Meersalz mischen oder pur verarbeiten.

„Diese Gewürzmischung verleiht jeder noch so einfachen Speise eine besondere Note!"

KLARE GEFLÜGEL- ODER KALBSCONSOMME

Zutaten

Ergibt etwa 2 Liter

2 l Geflügel- oder Kalbsfond

1 kleine Lauchstange

1 kleine Karotte

4 Sellerieblätter

2 Lorbeerblätter

150 g mageres Rindfleisch, durch den Fleischwolf gedreht

10 Eiweiße

1 TL Tomatenmark

Zubereitung

Das Gemüse waschen und in sehr feine Stückchen scheiden. Alle Zutaten zusammen mit dem Eiweiß kräftig mischen und schlagen. Das Eiweiß darf nicht mehr zusammenhängen!

Die Brühe wird zusammen mit der Eiweißmasse erhitzt. Das Eiweiß klärt die Bouillon. Den Fond in einem großen Topf auf dem Herd aufkochen lassen. Die Masse schnell hinzufügen, gut umrühren und das Ganze etwa eine Stunde köcheln lassen. Anschließend durch ein feuchtes Tuch gießen. Nach dem Abkühlen den Fond vorsichtig entfetten. Das Fett hat sich an der Oberfläche abgesetzt und lässt sich im kalten Zustand leicht und effizient entfernen.

„BEI ALLEN FONDS ETWAS SALZ ZUM ANSATZ DAZUGEBEN. SO LÖSEN SICH DIE AROMASTOFFE BESSER !"

BRAUNER KALBS- ODER LAMMFOND

Zutaten

Ergibt etwa 1 Liter

5 kg Kalbsschwänze beziehungsweise Lammknochen

2 Karotten

250 g Knollensellerie

3 Lorbeerblätter

1 Thymiansträußchen

1 Knoblauchzehe

1 EL Tomatenmark

5 frische Tomaten

Zubereitung

Die Kalbsschwänze schneiden. Den Backofen auf 240 Grad vorheizen. Die Knochen auf der Fettpfanne in den Backofen schieben und etwa 15 bis 20 Minuten bei Umluftthitze bräunen.

Für den Lammfond die Knochen gleich in den Backofen geben und wie oben erläutert bräunen.

Das Gemüse waschen und klein schneiden. Mit den Schwänzen (ohne das abtropfende Fett) beziehungsweise den gebräunten Lammknochen in einen großen Topf geben. Zum Schluss einen Esslöffel Tomatenmark zufügen und die 5 frischen, in Stücke geschnittenen Tomaten zu den Schwänzen/Knochen und dem Gemüse geben. Mit Wasser auffüllen, bis die Schwänze/Knochen bedeckt sind, und langsam einige Stunden köcheln lassen. Regelmäßig ausschäumen und Wasser zufügen, wenn die Flüssigkeit zu sehr einkocht. Nach etwa 10 Stunden die Brühe ein sehr feines Sieb gießen. Dieser Fond ist als Grundfond für viele Saucen einfacgh unabdingbar!

KALBSGLACE

Zutaten

Ergibt etwa 1,5 Liter

100 g Egerlinge

200 g Schalotten

60 g Karotten

15 g Ingwer

1 Bund Thymian

2 Lorbeerblätter

1 Zehe Knoblauch

Salz

1 TL Weißer Pfeffer

400 ml Portwein

600 ml Madeira

3 l Brauner Kalbsfond

Zubereitung

Alle Gemüse säubern und in sehr feine Scheiben shcneiden. In einem vorgeheizten Topf hellbraun anschwitzen, Kräuter und Knoblauch zugeben und mit Portwein und Madeira ablöschen. Das Ganze etwas salzen und auf ein Drittel einkochen. Den weißen Pfeffer zerstoßen und zugeben.

Mit braunem Fond aufgießen und wieder bei mittlerer Hitze auf ein Drittel einkochen. Zwischendurch mehrmals das an der Oberfläche schwimmende Fett und den Schaum abschöpfen. Die reduzierte Sauce durch ein sehr feines Sieb passieren.

Nochmals aufkochen und mit Salz abschmecken.

Die fertige Sauce in Einmachgläser sehr heiß abfüllen, verschließen und auskühlen lassen. Bei etwa 4 °C aufbewahrt, bleibt die Glace verschlossen mindestens 2 Wochen frisch!

LAMMGLACE

Zutaten

Ergibt etwa 1,2 Liter

200 g Schalotten, geschält

100 g Champignons

5 Zehen Knoblauch, zerdrückt

1 EL Estragonessig

500 ml Madeira

2 l brauner Lammfond

1 Espressotasse Estragonblätter

Salz

1 TL Weißer Pfeffer, gestoßen

Zubereitung

Schalotten und Champignons in sehr feine Scheiben schneiden. Mit Madeira, etwas Salz, Knoblauch und Essig in einen Topf geben und auf die Hälfte einkochen.

Braunen Lammfond, gestoßenen weißen Pfeffer und Meersalz hinzugeben und bei mittlerer Hitze auf ein Drittel reduzieren.

Zwischendurch mehrmals das an der Oberfläche schwimmende Fett und den Schaum abschöpfen. Kurz vor Beendigung des Reduzierens den Estragon fein schneiden und zur Sauce geben. 4 bis 5 Minuten mitköcheln lassen und die reduzierte Sauce durch ein sehr feines Sieb passieren.

Nochmals aufkochen, gegebenenfalls mit Mehlbutter binden und mit Salz abschmecken.

Die fertige Sauce in Einmachgläser sehr heiß abfüllen, verschließen und auskühlen lassen. Bei etwa 4 °C aufbewahrt, bleibt die Glace verschlossen mindestens 2 Wochen frisch!

WILDFOND

Zutaten

Ergibt etwa 0,5 Liter

2 kg Knochen vom Rehwild oder Hirsch

1 Schalotte

¼ Knoblauchzehe

1 Karotte, geputzt und gewürfelt

½ Knollensellerie, geputzt und gewürfelt

1 Lorbeerblatt

1 Thymiansträußchen

1 Rosmarinzweig

6 Wacholderbeeren

4 Pimentkörner

1 TL Tomatenmark

500 ml Rotwein

Zubereitung

Die Knochen unter kaltem Wasser abspülen und auf einem trockenen Küchenhandtuch abtropfen lassen. Backofen auf 220 °C vorheizen.

Knochen in der Fettpfanne des Backofens verteilen und im Ofen bräunen. Schalotte und Knoblauch schälen und klein schneiden. Zusammen mit Gemüsewürfeln, Lorbeerblatt, Thymian, Rosmarin, Piment und Wacholderbeeren zu den Knochen geben und mitbräunen. Das Tomatenpüree hinzufügen.

Knochen und Gemüse anschließend in einen großen Suppentopf geben und mit dem Rotwein übergießen. Mit Wasser auffüllen, die Knochen müssen vollständig bedeckt sein! Bei ganz geringer Hitze köcheln lassen. Regelmäßig abschäumen und entfetten. Den Fond ungefähr 8 Stunden ziehen lassen, dann durch ein feines Sieb gießen, in einem Kochtopf auffangen und weiter bis auf 500 ml einkochen lassen.

GEFLÜGELFOND

Zutaten

Ergibt etwa 3 Liter

1 kg Geflügelknochen

1 Karotte

½ Lauchstange

1 Zweig Staudensellerie

½ Zwiebel

1 Nelke

2 Lorbeerblätter

1 kleiner Thymianzweig

10 Pfefferkörner

½ Knoblauchzehe

4 l kaltes Wasser

Zubereitung

Die Geflügelknochen unter fließend kaltem Wasser waschen. Das Gemüse putzen und waschen. Wasser in einen großen breiten Suppenkessel geben und zusammen mit den Knochen, dem Gemüse und den Gewürzen langsam aufkochen lassen. Regelmäßig mit einem Schaumlöffel die Oberfläche der köchelnden Brühe abschäumen, damit sie klar bleibt. 2 Stunden köcheln lassen.

FISCHFOND

Zutaten

Ergibt etwa 1,5 Liter

1 kg Gräten von Seezunge, Steinbutt oder Barsch
(Schwanz, Kopf ohne Kiemen)

1 Zwiebel

1 Zweig Staudensellerie

½ Lauchstange

2 Schalotten

2 Lorbeerblätter

¼ Knoblauchzehe

1 kleiner Thymianzweig

8 weiße Pfefferkörner

3 l kaltes Wasser

Zubereitung

Die Gräten unter fließendem kaltem Wasser gründlich waschen. Das Gemüse putzen und waschen. Wasser in einen großen breiten Topf geben und zusammen mit den Gräten sowie dem Gemüse und den Gewürzen langsam aufkochen lassen.

Den Sud 50 Minuten köcheln lassen. Ab und zu mit einem Schaumlöffel die Brühe abschäumen, damit der Fond klar bleibt. Den Fond durch ein feines Sieb gießen, das Sieb eventuell mit einem dünnen, feuchten Tuch auslegen.

FISCHSAUCE

Zutaten

Ergibt etwa 0,7 Liter

80 g Fenchel, fein geschnitten

40 g weißer Sellerie, fein geschnitten

40 g Helles vom Lauch, fein geschnitten

80 g Schalotten, fein geschnitten

1 Zehe Knoblauch, gedrückt

2 Lorbeerblätter, frisch

1 Sträußchen Thymian

½ Stängel Zitronengras, fein geschnitten

6 Pfefferkörner, weiß, zerdrückt

½ EL Korianderkörner, zerdrückt

5 rosa Pfefferbeeren, zerdrückt

80 g Butter

500 ml Weißwein

300 ml Martini Extra Dry oder Nolly Prat

2 cl Pernod

½ EL grobes Meersalz

1 l heller Fischfond

100 g gewässerte Jacobsmuschelabgänge

500 ml Sahne

Zubereitung

In der Butter erst die Gemüse sowie den Knoblauch anschwitzen. Dann die Gewürze dazugeben und auf die Hälfte reduzieren lassen. Die gewässerten Jakobsmuschelabgänge zugeben und nochmals auf die Hälfte einkochen lassen. Sahne dazugeben, 10 bis 15 Minuten köcheln lassen, passieren, mit Salz abschmecken und mixen!

GEFLÜGELGRUNDSAUCE

Zutaten

2,5 l Sahne

1 l Weißwein (idealerweise Pinot Blanc / Weißburgunder)

100 g Schalotten, grob gewürfel

100 g weiße Champignons, grob gewürfelt

10 g Tomtenwürfel (auch gerne Abschnitte)

500 ml Martini dry

2 l Geflügelfond

½ Zweig Thymian

1 Lorbeerblatt

etwas grobes Meersalz

Zubereitung

Die Sahne auf die Hälfte reduzieren. In einem zweiten Topf Schalotten, Champignons und Tomatenwürfel kurz anschwitzen, Weißwein, Thymian und das Lorbeerblatt hinzugeben und ebenfalls auf die Hälfte einkochen. Nun geben Sie zunächst den Martini hinzu, reduzieren wieder auf die Hälfte und gießen dann die Sauce mit dem Geflügelfond auf und lassen alles wieder auf die Hälfte einköcheln. Zum Schluss verfeinern Sie die Sauce mit der Sahne, passieren alles durch ein feines Haarsieb und schmecken mit Salz und Pfeffer ab.

KRÄUTERÖL

Zutaten

1 Bund Basilikum, Koriandergrün oder Petersilie

250 ml Olivenöl, Extra Virgine

Zubereitung

Die Kräuter 1 Sekunde in kochendes Wasser tauchen, dann in Eiswasser abschrecken und abtropfen lassen. Im Mixer mit Olivenöl pürieren. Über Nacht abgedeckt im Kühlschrank ziehen lassen. Das Öl anschließend durch ein Musselintuch seihen.

CURRYÖL

Zutaten

80 g Fenchel

2 EL Madras Curry

½ EL Wasser

300 ml Erdnussöl

Zubereitung

Curry und Wasser gut verrühren und mit dem Erdnussöl vermengen. 24 Stunden gut zugedeckt an einem kühlen Ort aufbewahren. Dann durch ein Musselintuch seihen.
Öl im Kühlschrank aufbewahren.

PAPRIKAREDUKTION

Zutaten

Ergibt etwa 50 ml

500 g leuchtend rote Paprika

50 g Zucker

1 ½ EL Weißweinessig

Zubereitung

Paprika in eine Zentrifuge geben, den Schaum abnehmen. (Sie können den Schaum anderweitig verwenden, zum Beispiel für das Pimentograupenrisotto von Seite 116). Den Saft nun durch ein Tuch passieren, Zucker und Essig einrühren und in einem Topf reduzieren lassen, bis eine sirupartige Konsistenz entstanden ist. Abkühlen lassen und kalt stellen. Bei Zimmertemperatur verwenden.

ROTWEINREDUKTION

Zutaten

Ergibt etwa 0,5 Liter

100 g Zucker

1 l Rotwein

500 ml roter Traubensaft

Zubereitung

Alle Zutaten bei starker Hitze einkochen. Die Flüssigkeit dabei so lange reduzieren, bis ein glänzender Sirup entstanden ist.

BALSAMICOREDUKTION

Zutaten

Ergibt etwa 0,1 Liter

100 g Zucker

500 ml Aceto balsamico

Zubereitung

Den Zucker in einen hohen Topf geben und auf starker Hitze karamellisieren. Mit dem Aceto balsamico ablöschen (Vorsicht: spritzt!!!) Anschließend das Ganze einkochen, bis eine sirupartige Konsistenz entstanden ist. Noch warm aus dem Topf gießen und kühl, sowie verschlossen aufbewahren. Bei Zimmertemperatur servieren.

„Die Reduktionen kann man beim Kochen auf die richtige Konsistenz testen, indem man etwas heiße Masse auf einen kalten Teller tropfen lässt!“

BISKUIT

Zutaten

4 Eigelb3

Abrieb von ½ Zitrone

30 g Zucker

Mark von 1 Vanilleschote

2 EL Mehl

20 g lauwarme Butter

4 Eiweiße

20 g Zucker

Zubereitung

Eigelbe, Zucker, Vanille und Zitronenabrieb mit dem Rührbesen so lange schaumig schlagen, bis die Masse hell und cremig ist und nicht mehr an Volumen gewinnt. Nach und nach erst das Mehl, dann die Butter einrühren.

Das Eiweiß nebenbei mit den 20 g Zucker steif schlagen und anschließend unter die Eigelbmasse heben.

Auf ein mit Backpapier ausgelegtes Backblech geben und bei 170 °C im Ofen backen.

„Dieses Biskuitrezept können Sie sehr vielseitig verwenden. Zum Beispiel für den Proseccoschaum mit Kombuchabeeren von Seite 210. Backen Sie den Biskuit einfach in der von Ihnen gewünschten Höhe."

KÜRBISKERN-BRIOCHE

Zutaten

750 g Mehl

6 Eier

100 ml Milch

10 g Salz

100 g Zucker

100 g Kürbiskerne

27 g Frischhefe

125 ml Milch

Etwas Zucker

350 g weiche Butter

50 ml Kürbiskernöl

Zubereitung

Mehl, Eier, Milch, Salz und Zucker mit dem Knethaken vermengen. Kürbiskerne zugeben.

Hefe in lauwarmer Milch mit etwas Zucker auflösen und mit der obigen Masse nochmals kneten.

Die Butter während des Knetens nach und nach zugeben und so lange rühren, bis der Teig glatt ist und glänzt.

Den Teig nun in einer eingefetteten Kastenform für eine halbe Stunde an einem warmen Platz gehen lassen. Anschließend bei im Ofen bei 180° C etwa 25 Minuten backen.

INHALT

SEVEN SEAS

SWEET 'N SEXY

BASICS

Aus Leidenschaft gut

Kochen. Leidenschaft. Perfektion – so lautet nicht nur der Titel meines Buches, mit diesen drei Begriffen könnte man kurz und bündig auch mein Leben umschreiben. Ich bin Koch mit Leib und Seele, dabei auch Gastronom, Unternehmer, kreativer Vordenker und vor allem leidenschaftlicher Gastgeber. Kochen ist für mich das Größte, etwas hohes, eine Art Heiligtum der menschlichen Kultur. Kochen verbindet, Kochen ist Liebe, Kochen ist Entspannung und Konzentration zugleich, es spendet Freude, lässt uns mit allen unseren Sinnen höchsten Genuss erleben!

Es sind meine tiefe Leidenschaft für das Kochen und mein stetes Streben nach Perfektion, die mich antreiben, die mir Kraft geben und die meine Kreativität immer wieder aufs Neue beflügeln. Ich bin ein ein Getriebener, ständig auf der Suche nach Ideen, nach neuen Konzepten und Bereichen, die sich mit Genuss und Lebensart verbinden lassen. Dafür lebe ich, damit beschäftige ich mich, 24 Stunden am Tag – denn halbe Sachen kann ich nicht! Dass mein Harmoniebedürfnis meiner Rastlosigkeit manchmal entgegen steht, ist eine andere Sache. Aber letztlich ist es diese Eigenheit, die meinen Stil entscheidend mitprägt. Abgesehen davon handle ich sehr kopflastig, folge dabei dennoch meinem Instinkt und höre auf mein Herz, egal, ob es um das Kochen oder die Konzeption eines neuen Projekts geht. Denn mein Herz hat mir schon immer vorgezeichnet, welchen Weg ich einschlagen soll!

Das Koch-Gen

Vermutlich trage ich einen besonderen Stoff in mir, der mir das Dreigestirn „Kochen. Leidenschaft. Perfektion" mit auf den Weg gegeben hat. So eine Art Koch-Gen. Denn seit ich denken kann, wollte ich Koch werden. Schon als Fünfjähriger stand ich in der Küche im Waltroper Gasthaus meiner Eltern auf einem Hocker und drehte mit einer Ernsthaftigkeit Fleisch durch den Fleischwolf, als wolle ich meinen allerersten Kochwettbewerb gewinnen. Das Größte war für mich damals, wenn ich mit meinem Vater auf den Gemüse- und Fischmarkt nach Dortmund fahren durfte. In aller Herrgottsfrüh, während andere Kinder noch fest schliefen, sauste ich umher und sammelte ein, was mein Vater mir zurief: „Viermal Tomaten!" oder „Zehn Bund Petersilie, aber knackfrisch!", das klang für mich ebenso verlockend, wie für andere Jungs das begeisterte „Tor! Tor!" beim Fußballspielen. Von Anfang an wusste ich: Das ist meine Welt! Mit sechzehn stürzte ich mich dann fern von Zuhause hinein in die Welt des professionellen Kochens. Bislang kannte ich ja vor allem den elterlichen Betrieb (die Strombergs sind übrigens seit drei Generationen in der Gastronomie tätig), in dem es zwar diszipliniert, aber freundlich-familiär zuging. Nun landete ich als Azubi im Schwabenland, um, wie mein Vater sagte, mal richtig geschliffen zu werden. Ich begann meine Lehre mit einer 80-Stunden-Woche – später wurde die Schlagzahl noch einmal erhöht – und verdiente gerade einmal 150 Mark. Das

AUS LEIDENSCHAFT GUT*

Geld reichte knapp für die Heimfahrt, die ich einmal im Monat bepackt mit drei Taschen voller schmutziger Wäsche antrat. Aber ich war selig. Ich biss mich durch, wechselte später in den „Schwarzen Adler", ein 2-Sterne-Haus, bekam tatsächlich den richtigen Schliff und begriff schnell, dass ein Koch neben dem Handwerkszeug vor allem einen unbedingten Willen und Durchhaltevermögen benötigt. Man ist jeder Menge äußerer Einflüsse ausgesetzt, hat vielleicht einen Chef, der einen malträtiert; oder man wird auf eine Odyssee von Restaurant zu Restaurant geschickt: Im einen kriegt man keinen Lohn, im nächsten läuft alles ganz anders, als man es vorher vereinbart hatte. Und ist man schließlich stolzer Besitzer eines eigenen Restaurants, hält man die Belastung (und die Freude!) sowieso nur aus, wenn die Leidenschaft fürs Kochen grundehrlich ist, wenn man das, was man tut absolut liebt. Dann schmerzt einem nach 14 Stunden Knochenarbeit auch der Rücken nicht mehr ganz so schlimm, dann ist es egal, wenn man seine Klamotten dreimal am Tag durchschwitzt oder einem die Freundin wegen seelischer Grausamkeit, sprich Zeitmangel, den Laufpass gibt.

Das alles nimmt ein Koch in Kauf für etwas, das höchst vergänglich ist: Ein Architekt baut ein Haus, das hundert Jahre oder länger steht. Köche errichten ein Kunstwerk, das in kurzer Zeit auf Nimmerwiedersehen im Magen des Gastes verschwindet. Dieser vergleichsweise winzige Moment muss ausreichen, zu verzaubern. Wenn das gelingt und ich die glänzenden Augen des Gastes sehe, dann weiß ich, das ist mein Lohn, der Dank, der die ganze Mühe jedes Mal wieder aufwiegt!

Wenn ich jemandem mit meinem Essen einen schönen Abend bereitet habe, sehe wie jemand das Essen entspannt und lustvoll genießt, und merke: Hier hast du einen Glücksmoment geschaffen, das ist für mich das Größte, das gibt mir für einen Moment Ruhe – bis nach kurzer Zeit der Tatendrang wieder Oberhand gewinnt. Vom Himmel fallen diese Glücksmomente natürlich nicht. Man muss kreativ sein, darf dabei aber nicht die Bodenhaftung, den Blick für eine grundehrliche, qulitativ hochwertige Küche verlieren. Hinzu kommen die Beherrschung vieler verschiedener Kochtechniken, eine fundierte Kenntnis über die Produktlandschaft und den Mut, Zutaten neu zu kombinieren, auch wenn manches auf den ersten Blick ungewöhnlich erscheinen mag. Mein Perfektionismus in Sachen Geschmack und ein ordentlicher Schuss Kreativität lassen schließlich die Gerichte enstehen, die meine Freunde und Gäste lieben.

Wenn es um die Gäste meiner Restaurants geht, muss ich natrülich auch persönlich eine ganze Menge in die Waagschale werfen. Vielleicht nicht so sehr als Koch, aber als Küchenchef und Restaurantbesitzer muss man Weitblick und die Fähigkeit mitbringen, sich nicht nur auf den Herd zu versteifen. Es gibt Topköche, die es zu etwas gebracht haben, die aber nur in ihrer Küche vor sich hin werkeln und das Restaurant überhaupt nicht im Blick haben. Verliebt in ihre Kochkunst, merken sie nicht, dass sie als Solist ihre wundervolle Arie singen, das Orchester aber ein ganz anderes Stück spielt. Deshalb habe ich immer ein Auge auf den Gast und seine Reaktion. Was denkt er? Wie fühlt er sich? War das Essen ein Erlebnis für ihn? Passt das Ambiente des Lokals? Erst dann, wenn ich zufriedene Augen nach dem Essen sehe, habe ich für einen Augenblick ein großes Ziel erreicht: Die gelungene Verbindung von Kochen, Leidenschaft und Perfektion einerseits und von Genuss und Lebensart andererseits! Mein Traum ist es, diese Momentaufnahme zu einem dauerhaften Bild werden zu lassen, denn als Gastgeber bin ich geboren. Vielleicht werde ich irgendwann aussteigen und in Spanien auf einer Finca Freude in die Augen meiner Gäste zaubern... aber noch stehe ich am Anfang und hoffe, dass ich Sie mit meiner Begeisterung für das Kochen und alles, was dazugehört, anstecken kann.

Gutes Gelingen, viel Freude & Leidenschaft!

HOLGER STROMBERG*

FIRST LOVE

„ES GIBT WENIGE BERUFE, IN DENEN MAN SICH GERNE UM DEN SCHLAF BETRÜGT ... ABER WAS SOLL'S, ES MACHT JA AUCH SPASS. UND ABGESEHEN DAVON IST DER MORGEN AUF DEM MARKT SOZUSAGEN DIE VORSPEISE FÜR DEN TAG."

BRIOCHETARTE MIT ZWIEBEL & FRITTIERTEM KNOBLAUCH

Zutaten

½ kg Briocheteig

2 Eigelb

½ kg weiße Zwiebeln

250 ml Hühnerfond

100 g Butter

Salz, Pfeffer

5 cl Sautern oder Süßwein

70 g Crème Fraîche

50 g luftgetrockneter Schinken, in feine Würfel geschnitten

5 Knoblauchzehen

500 ml Olivenöl

Zubereitung

Die Zwiebeln schälen und in feine Streifen schneiden. In einen Stieltopf die Zwiebelstreifen mit dem Hühnerfond, Butter, Salz, Pfeffer, Wein zugedeckt kochen, bis die Zwiebeln weich gedünstet sind. Ohne Deckel trocken dämpfen.

Den Knoblauch in feine Scheibchen schneiden und in gesalzenem Wasser blanchieren, trocken tupfen. Mit Olivenöl auf mittlerer Hitze den Knoblauch lichtbraun fritieren.

Eine Tarteform von 25 cm Durchmesser mit dünn ausgerolltem Briocheteig belegen, den Rand etwas erhöhen. Die Schinkenwürfel auf die Tarte legen.

Zuletzt die Crème Fraîche und den fritierten Knoblauch unter die Zwiebeln mengen. Nun alles auf das vorbereitete Brioche streichen. Den Rand mit Eidotter bestreichen, 25 Minuten bei 180°C backen.

APFELBROT

Zutaten

1 kg Äpfel, netto gerieben

200 g Zucker

250 g Rosinen

3 cl Calvados

3 cl Rum

3 cl Zitronensaft

500 g Mehl

2 TL Backpulver

1 EL Kakao

1 TL Zimt

1 Prise Nelken, gemahlen

125 g Haselnüsse, grob gehackt

Zubereitung

Äpfelraspeln, Zucker und Rosinen vermischen und etwa 12 Stunden abgedeckt und gekühlt ziehen lassen.

Am nächsten Tag mit allen anderen Zutaten vermengen.

Dachrinnenformen mit Backpapier auslegen und den Teig einfüllen. Bei 150 °C so lange anbacken, bis der Teig aufgeht. Danach mit Alufolie abdecken und bei 200 °C 1,5 bis 2 Stunden weiterbacken.

REGISTER DER REZEPTE

Alle Rezepte für 4 Personen!

First Love – Vorspeisen & Zwischengerichte

Meet the Meat – Fleischgerichte

Seven Seas – Fischgerichte

Sweet 'n Sexy – Desserts

Basics – Grundrezepte

DANKSAGUNG

Unzählige Menschen haben zu meinem Erfolg als Gastronom und zur Entstehung dieses wunderbaren Buches beigetragen – Ihnen allen gebührt mein herzlicher Dank! Ganz besonders möchte ich aber die folgenden Köchinnen und Köche hervorheben – ich hoffe, dass ich niemanden vergessen habe!

Bruno Scherer (Auszubildender), Rainer Schorer (ehemaliger Küchenchef Stromberg Catering*), Philipp Jüngling (ehemaliger Küchenchef Kounge & Mobiles System*), Oliver Heinrichmeier, Max Geiger, Tim Frankenheim, Mathias Käser, Kai Pristay, Simone Karl, Patrick Hylton, Graham Sutherland, Johannes Hofbeck, Iris Bettinger, Franziska Posch, Andreas Schweiger (executive Küchenchef im G-Munich), Stefan Manier (geschäftsführender Gesellschafter und Küchenchef), Ray Booker, Christian Baur, Jean-Marc Bordman, Siggi Fiebiger, Hannes Rüter, Axel Surmann, Mario Schmidt, Marius Kneyder, Andre Münch, Kai Große, Shala Zec, Stefanie Dietershagen, Tino Wolter, Roland Eyer und bei all den Restaurantleitern und Servicekräften, deren Wege den meinen bisher gekreuzt haben.

Besonderer Dank gilt auch meinen Lehrherren und Mentoren, die mich bisher begleitet haben.

Bei meinen Gästen und Kunden möchte ich mich für die Treue bedanken, die sie mir stets entgegengebracht haben.

Und bei meinem Verlag, dem ganzen Team der Collection Rolf Heyne, möchte ich mich für ihre große Unterstützung und dafür bedanken, dass dieses Buch überhaupt erst möglich geworden ist!

Meinen Freunden sei Dank dafür, dass sie mir selbst nach Jahren der Vernachlässigung jederzeit mit Rat und Tat zur Seite stehen.

Bedanken möchte ich mich natürlich auch bei meiner ganzen Familie und bei meinen Patenkindern, die ich sehr liebe.

Und bei Nikita, die mich bei all meinen Plänen in jeder erdenklichen Weise unterstützt und aufgrund meiner vielen Aktivitäten auf vieles verzichtet. Ich liebe dich!

IMPRESSUM

Mit freundlicher Unterstützung der Rosenthal AG.

www.collection-rolf-heyne.de

Umschlag- und Buchgestaltung:
Hauptmann und Kompanie Werbeagentur, München – Zürich

Fotografie:
Wolfgang Klauke, Saarbrücken

Layout und Satz:
Werbeagentur Sabine Dohme, Neuried

Redaktion der Rezepte:
Renate Weinberger, München

Litho:
Lorenz und Zeller, Inning a. A.

Druck und Bindung:
Polygraf Print, Presov

Printed in Slovakia

ISBN 3-89910-232-0